나 살던 곳에서
그리움이
찾아오면

나 살던 곳에서 그리움이 찾아오면

초판 1쇄 발행 2023년 4월 28일

지은이 정재원
펴낸이 장길수
펴낸곳 지식과감성#
출판등록 제2012-000081호

교정 김서아
디자인 정윤솔
편집 정윤솔
검수 김지원, 이현
마케팅 정연우

주소 서울시 금천구 벚꽃로298 대륭포스트타워6차 1212호
전화 070-4651-3730~4
팩스 070-4325-7006
이메일 ksbookup@naver.com
홈페이지 www.knsbookup.com

ISBN 979-11-392-1059-0(03810)
값 12,000원

- 이 책의 판권은 지은이에게 있습니다.
- 이 책 내용의 전부 또는 일부를 재사용하려면 반드시 지은이의 서면 동의를 받아야 합니다.
- 잘못된 책은 구입하신 곳에서 바꾸어 드립니다.

지식과감성#
홈페이지 바로가기

나 살던 곳에서
그리움이
찾아오면

정재원 지음

독립운동가 후손을 나라가 버렸지만
악착같이 살아남은 마른 잎새,
나뭇잎 화가 '정재원' 시집

목차

시인의 말 8

1부
고향 집

찔레꽃 12
삼복더위 13
청령포 14
어머니 15
첫사랑 16
고향 집 17
공룡능선 18
봄이 오면 19
누나야 20
장독대 21
그리움 22
나그네 23
눈꽃 송이 24
우리 어머니 25
다방 26
허수아비 27
분재 목 28
시집가는 날 29

낯선 내 고향 30
철책선 31
망부석 32
공무도하(空無渡河) 33
폭포수 34
감 35
청개구리 36
아버지 37
골목길 38
진달래꽃 39
실향민 40
가을날에는 41
추억 42

2부
유년 시절의 그리움

봄 44
안부 45
잡초 46
가난하다는 것 47
곰배령 48
보릿고개 49

너와집 50

겨울을 향하여 가는 인생 52

호롱 등불 54

가 버린 당신 55

물레야 물레야 56

백일홍 57

진퇴양난(進退兩難) 58

사물놀이 60

유년 시절의 그리움 61

내 사랑 고운 님아 62

막걸리 63

우리 집 똥개 1 65

소나무 67

내 고향 겨울밤 풍경 68

나의 누님 69

솔고개 71

보름달 72

장미꽃 73

가을 길에 서면 74

붉은 입술 75

길 위에 서면 76

인생 77

이별 79

짝사랑 80

코스모스 꽃길 81

낯선 사람들 속에서 82

3부
가는 세월에

아버님 전상서 1 84

아버님 전상서 2 85

가는 세월에 86

추억의 신작로 88

우리 형 1 89

우리 형 2 90

우리 형 3 91

고향 친구 92

나의 누님 93

경포대 바닷가 백사장에는 94

가을날의 설렘 95

내 삶의 황혼 96

관음송(觀音松) 97

내 유년의 추억 99

가을에 쓰는 편지 101

황학산 102

만추(晩秋) 103

산아 104

친구 죽음 앞에서 105

유머 일번지 106

친구야 108

연애 시절 109

고향의 물레방아 110

추억 111

허무 112

빈 가슴으로 113

소쩍새 114

여주보에서 115

가을아 116

여주의 밤 117

살다가 가더라도 118

이사 오던 날 119

4부
고향 하늘은 멀어도

강천섬에서 122

억새풀 123

어머니 무덤가에서 124

들국화 125

나목 126

고향 하늘은 멀어도 127

청보리밭 128

오일 장터 129

거짓말 131

우울한 산책길 132

슬픈 이별 134

그 여인 135

문동(文童) 136

우리 집 똥개 2 138

옹심이 139

묵정밭에서 140

눈이 내리는 날에 141

눈물로 쓰는 편지 142

바위 143

미리내 144

청맹과니 145

사월이 오면 147

기다림 148

달빛 밝은 밤에 149

고갯마루 150

봄비 151

촌노(村老) 152

북풍한설(北風寒雪) 153

낙천적 인생 154

회룡포 155

회룡포 하늘에 노을이 물들면 156

죽음 157

커피 석 잔 마신 날 158

시인의 말

경북 봉화에서 태어나 수십 년을 타향에서 살았습니다.
고향을 잊은 줄 알았습니다. 그런데 늘 마음 한편에 비집고 들어서는 고향에 대한 그리움, 지독하게 가난한 설움을 함께한 식구에 대한 그리움, 어릴 적 친구에 대한 그리움은 나이가 들수록 더 선명해집니다.
너무나 많이 변해 버린 고향으로는 가지 못하고 남한강 물안개가 피어나는 여주에 사랑하는 아내와 둥지를 틀었습니다.

오래 살다 보니 별일이 다 있습니다.
우연히 가을 시화 전시장에 갔다가 시를 만났습니다. 古稀를 넘긴 나이인데 가슴이 뛰었습니다. 동생 같은 시인을 만나 친절한 안내를 받으니 없었던 용기가 생겼고, 사랑하는 아내의 응원에 그간 써 놓은 150여 편의 글을 세상에 내놓습니다.

억척스레 살아온 내 근성은 귀가 닳도록 들어 온 뼈대 있는 가문, 독립운동가 집안이라는 자부심이었습니다.
명성 황후 시해 사건을 계기로 증조부께서는 재산을 팔아서 독립군 군수 물자를 사서 만주로 가셨다가 황해도에서 전투 도중 일본군 총에 맞아 사망하셨습니다. 할아버지께서『조일신문』기사를 보시고 증조부의 시신을 운구해 오셨는데, 현재 계급으로 중대장급이셨고 마흔다섯

이셨답니다. 그 일로 모든 재산은 강제로 몰수 처분되었고 할아버님은 집을 태워 버리고 광산 노동자로 생활하시다 해방 후 귀향하셨는데, 살 집조차 없어 고생을 많이 하셨답니다. 고모님이 장사해서 모은 돈으로 땅을 사 주셔서 형편이 조금씩 나아졌다는데, 제 나이 열다섯 무렵인 것 같습니다.

나아진 형편이란 것이 부모와 형제 모두 보리쌀 넣은 나물죽과 감자, 그것도 없으면 찔레 순과 소나무 새순을 꺾어 껍질을 벗겨 먹으며 사는 것이었습니다. 작은누나는 하도 못 먹어서 키가 140cm 꼬마 정도로, 아사 직전에서 겨우 살아났습니다. 어떻게든 살아 보겠다고 서울로 올라왔지만, 어머니께서 쥐여 준 4,000원 차비가 전부였습니다. 고등학교는 검정고시, 등촌동 나사렛 신학은 2년 중퇴……. 공부를 그리도 하고 싶었는데 독립운동가 후손의 삶이 참 비참했습니다. 회사를 만들어 성공하고 보니 벌써 일흔두 살! 인생이 너무 짧습니다.

살아온 세월을 보상이라도 받는지 글쎄, 시집을 출판하게 되었습니다. 그 가난, 그 힘든 세월이 그리움이 되고 추억이 되어 한 권의 시집에 담겼습니다. 내조를 아끼지 않는 사랑하는 아내 김애자 여사, 우애 좋은 삼 남매 진우, 진영, 진희 그리고 사위 진호까지……. 이젠 사랑하는 가족이 살아가는 이유고 자부심입니다. 사랑합니다. 고맙습니다. 고생을 다하면 좋은 날이 있다더니, 행복한 노후입니다. 남한강이 지척이고 산수 풍광이 수려한 여주에서 부지런히 글 쓰고 그림 그리며 행복하게 살아야겠습니다. 독립운동가 후손답게!

2023년 새봄에, 정재원

1부

고향 집

찔레꽃

실개천 둔덕 위에 하얀 찔레꽃
자그마한 누나를 닮았습니다
찰랑이는 단발머리 까만 눈동자 깜박이던 누나
작은 손 한 움큼 찔레 순 꺾어 들고
고무줄놀이하던 누나

뛰어놀면 배 꺼진다고 야단하시던 어머니
눈치 보면서도 토끼처럼 잘도 뛰며 놀던 누나
어제 저녁도 못 먹었습니다, 오늘 아침도 못 먹었습니다
배고픈 누나는 서럽게도 울었습니다

찔레 순으로 허기를 달래고는
변 보기 힘들어 빨개진 얼굴에 눈물 흘리던 누나야

봄 햇살 들녘 가득한 날에 실개천 둔덕 위에는
새하얀 찔레꽃이 가득하니 피었습니다
누나를 닮은 조그마한 찔레꽃이
가지마다 하얗게 많이도 피었습니다

찔레꽃 피어나는 봄이 오면
배고파 눈물 흘리던 키 작은 누나가 그리워집니다

삼복더위

산모퉁이 돌아 들판을 지나던 숨찬 바람도
더위를 먹었나, 뜨거워 숨 헐떡이며 잠시 쉬어 가려나 보다

먼지 날리는 앞마당에 숨넘어갈 듯이 뜀박질하던
계집아이들은 버드나무 그늘진 물웅덩이로 뛰어들고

중복 지난 지가 엊그제
동네 초입 느티나무 정자 그늘 아래 멍석을 깔고
늙으신 동네 할매들은
처진 젖가슴을 드러낸 채 부채 바람으로 더위를 식힌다

누렁이란 놈은 혓바닥 길게 내밀고
숨 가쁘게 헐떡이며 더위를 견딘다

말복까지 십여 일, 더운 여름을 어이 날꼬
느티나무잎 흔들리는 사이사이로
눈부신 여름 햇살이 춤추는 듯 내려오는데……

청령포

피어 보지도 못한 꽃 한 송이 꺾어진 한 많은 이곳에
푸른 물은 굽이 돌아 천만년 흘러가고
숨어 울어 대는 통곡 소리는
검은 소나무 숲 사이사이에 한 맺힌 슬픔으로 남아서
수백 년 바람결 따라 슬피 들려오는구나

낯선 작은 발자국 소리에도 죽음을 생각하고
밤 부엉이 울음소리에 식은땀 흘리며
두려움에 몸서리쳤을 그대 작은 영혼이여!

세상을 이별한 지 그 얼마이던가
그 한 맺힌 원한과 슬픔이 얼마나 가슴 절절히 사무쳤으면

오늘도 수많은 사람 불러들여서
그대 슬픈 사연을 말하고 있는가

어머니

어머니 어느 봄날 햇살은 눈부시게 아름다웠습니다
쪽빛 무명 치마 하얀 동정 깃을 단 분홍 저고리 입으시고
나들이 가실 때 어머니 가녀린 어깨 위를 한 점 봄바람이 스치듯이 지나가고
곱게 빗어 넘긴 쪽머리 살짝 흘러내린 검은 머리카락
바람에 날리는 어머니 그 모습은 선녀였습니다

호롱불 흔들리는 밤에 아버지 한복 저고리 동정 달면서
살포시 미소 지을 때
불빛에 비치는 어머니 모습은 어린 가슴에 작은 꿈 하나 심었습니다

이제는 볼 수 없는 당신을 향한 그리움은
눈물이 되고 한숨이 되고 가슴에 돌이 되고 또 시가 되었습니다

어머니와 함께하던 그 시절에는
알지도 못하고 느끼지도 못하였던
어머니에 대한 사랑과 그리움이 되어 내 마음은
오늘도 어머니를 향하여 달려갑니다

첫사랑

멀리 떨어져 있어도 내 곁에 있어도
너는 내게 있어 그리움이었다
먼 산 아지랑이처럼
언제 가 버릴지 모를 불안감으로 널 바라보았지
별로 아름다운 너에게
내 마음을 주어 버리고
나는 너를 향한 바라기가 되어 가고 있었다

너 떠난 지
셀 수 없는 수많은 낮과 밤이 흐른 뒤에도
너는 내게 그리움으로 남아서
그 앳된 소녀의 모습으로
나를 미소 짓게 하는 너는
내게 있어 첫사랑이었나 보다

고향 집

밤나무 그늘 아래 작은 토담집
여윈 몸 쉴 새 없이 움직이며 다니시던 울 어머니 손때 묻은 곳
세월이 묻어 있는 고장 난 펌프 수돗가에는
누렁이 밥그릇으로 쓰던 쭈그러진 그릇이 뒹굴고
한지 찢어진 살문에 매달린 문고리는
붉은 녹물 속에 떠난 집주인을 기다립니다

부엌데기 아궁이에 걸쳐져 있던 가마솥은 어디로 갔는지
들기름 발라 가며 닦고 닦으시던 어머니 정성이 담긴 가마솥
빠져나간 아궁이는 검은 입을 벌리고 냉기를 토해 냅니다

혹시나 바느질하시는 어머니 계실까 방문을 열어 보니
낡은 돗자리 위에 화롯불을 피워 놓고 육 남매가 둘러앉아
감자를 구워 먹으며 어머니가 들려주는 옛날이야기를 듣고 있습니다

내 눈에는 그리움의 눈물이 가득 고이고
눈물 속에 옛 시절이 방 안 가득 떠오릅니다
삼십 년 전 섣달 마지막 달력은 대못 박힌 벽에 걸려 있는데

내 마음처럼 텅 빈 방 안에는
가 버린 세월의 흔적들이 슬픔으로 채워집니다

공룡능선

천만년 세월 비바람에 감추었던 속살 드러내고
구름 위 구름 아래 기암괴석들은 하늘 높이 솟아오르고
갈라진 바위틈마다 천년 송은 자라나 푸르름을 더해 주고
봉우리마다 장관이요 골골마다 절경이다

하얀 물줄기는 비단 폭처럼 흘러내려 청옥샘 물웅덩이 만들었으니
달 밝은 밤 선녀가 내려와 목욕하였다는 전설을 만들어서
눈부시게 아름다운 그 모습을 표현하였다

천하절경 그 아름다움에 무슨 말인들 못 하였으랴
푸른 소나무 그늘 드리워진 평바위에서 술 한 잔 기울이면
세상만사 모든 것을 던져 버리고
속세를 등진 사람으로 한세상 살아가다
이름 모를 산골짜기 그 어디에서 꽃잎처럼 조용히
사라져 가고 싶어라

봄이 오면

봄이 오면요, 고운 님 손 꼬옥 잡고 봄 맞으러 가야지
은빛 햇살 곱게 내린 아름다운 꽃밭에서
꽃보다 더 아름다운 그대 얼굴 보면서
봄노래 부르며 꽃길을 걸어가야지

꽃향기는 봄바람에 휘날리고
햇살은 맑게 빛나는데

그대가 내 곁에 있으니 아름다운 이 봄날이
더욱더 아름답게 느껴지네
참으로 아름다운 그대여 이 봄날에 그대가 있어
나에게 있어 이 봄날은 행복으로 초대

누나야

분꽃 같은 하얀 얼굴 동동구루무 냄새 살짝 풍기던 누나야
가르마 탄 단발머리에 노란 개나리꽃 꽂고
봄 햇살 아래 춤추는 듯 뛰어놀던 누나

포대기에 나를 감싸 업고 공놀이할 때에
고개 젖히고 잠든 나는 누나 등에 쉬야를 하고
젖은 등 어쩔 줄 몰라 손바닥으로 엉덩이를 때리면서도
얼굴에는 사랑스런 미소를 가득 담고 나를 보던 누나야

어느 늦가을 구슬 달린 모자 쓰고 빨간 점 양 볼에 찍고
눈물 가득 고인 얼굴로 나를 꼭 안아 주더니
낯선 남자 따라가 버린 누나

저고리 옷고름에 눈물을 훔치며
몇 번인가 뒤돌아보던 누나는 바람처럼 가 버렸네
엄마 냄새가 진하게 풍기던 우리 누나가

장독대

돌담 한 귀퉁이 햇살 잘 드는 감나무 아래
호박 넝쿨 얼기설기 올라간 곳에

행주치마에 젖은 손 닦으시며
하루 세 번 끼니때마다 오르시던 울 어매 정성이 담긴 곳

배불뚝이 장 단지가 줄줄이 놓여 있는 곳
새끼줄에 듬성듬성 검은 숯덩이 빨간 고추가 끼워진
새로 담은 장 단지가
해묵은 항아리들 틈에서 주눅이 든 채 낯설어한다

메주 띄워 장 담그시고 부자 된 듯이
처마 끝에 걸터앉아
행복한 웃음으로 바라보는 장독대 위에는
해맑은 봄 햇살이 나비처럼 내려앉는다

그리움

달빛이 곱게 흐르는 창가에
추억의 그림자가 스치고 지나간다

초저녁 선들바람에 잎 마른 갈대는 가을을 노래하고
뜰 아래 떨어진 파란 낙엽에 사연을 담아 본다

앵둣빛 입술을 빼앗겨 버리고
달빛 아래 숨죽이며 슬피 울던 첫사랑
새끼손가락 걸던 첫사랑의 맹세는
가을날 그리움으로 남아 있구나

빛을 잃어버린 초저녁 하얀 달은 홀로 외롭고
너 떠난 내 빈 가슴도 홀로 외롭다

내 가슴에 남아 있는 첫사랑의 추억은 아직도 그대로인데
먼 하늘가를 맴도는 그리움의 시선은
아직도 못다 한 첫사랑의 그리움인가 보다

나그네

저녁 안개 짙게 내린 산마루 고갯길을 홀로 넘는 나그네
갈 길은 천 리인데 해는 벌써 지는구나

지친 몸 쉬어 갈 주막집은 보이지 않고
숲속 나뭇가지 사이로 하얀 달빛은 비치는데

단봇짐에 꽂아 놓은 곰방대에 불을 댕겨 입에 무니
두고 온 집 생각에 한숨 섞인 눈물만 두 볼을 적시네

눈꽃 송이

천상의 화원에서 떨어지는 꽃이던가
가지마다 피어나는 하얀 송이 눈꽃 송이
한 송이 꺾어 들고 고운 님 찾아가서 사랑 고백해 볼까

들녘에 고이 내린 흰 눈송이 돌돌 말아
떠난 님 모습 닮은 눈사람을 만들어서
사진 한 장 곱게 찍어 그리움을 달래 볼까

우리 어머니

흘러내린 머리카락 두 뼘 고무줄로 묶으시고
금방이라도 빠질 듯 쪽 찐 머리에 꽂혀 있는 은비녀
광목 치마저고리에 여윈 몸 가리시고
엄지발가락 삐져나온 밑창 닳은 고무신 신으시고
마른 땅 젖은 땅 가리지 않고 다니시던 우리 어머니

늦은 봄 청보리는 바람 따라 흔들리고
노고지리 구름 아래 지저귈 때
항아리 밑바닥에 한 줌 남은 쌀, 바가지에 긁어 담으시며
한숨짓던 우리 어머니
내일 아침 아궁이에 불을 피우지 못할 걱정에
어머니는 뜬눈으로 밤을 새우셨습니다

이 풍진 세상을 살아가면서 내 눈에 눈물이 맺히는 것은
내 가엾은 어머니 그 모습 떠올라
입으로 가는 밥숟갈 잡은 손이 눈물방울과 함께 떨려 옵니다

다방

붉은 립스틱 짙게 바른 미소가 아름다운 여자가 있다
형광등 불빛 아래 담배 연기 자욱하게 피어오르고
빛바랜 갈색 탁자 위에는 김 서린 커피 잔이 있어
긴 기다림과 만남의 행복이 담겨 있다

마주 앉은 남모르는 사람에게 마음속 점을 남기고
헤어짐과 아픔과 눈물 속에서 사랑과 이별을 배우는 곳
붉은 장미꽃 한 송이로 고백한 사랑이
곱게 적어 써 내려간 이별 편지 위에
흘린 눈물 자국이 남아 있어 쉽지 않은 이별이었음을 말해 준다

만남과 사랑과 이별과 추억이 만들어지는 곳
낯선 사람들 냄새가 진하게 배어 있어도
커피 향이 그리워 찾아가던 다방에는
첫사랑의 그림자가 빛바랜 추억 속에서 웃고 있다

허수아비

허수아비 아버지 가을 햇볕 아래 외롭게 서서 참새 쫓느라 힘들었고
비바람에 옷 젖는 줄 모르고 그늘도 없는 뙤약볕 아래 애 많이 썼네
그래도 말일세 들판에 널린 게 곡식들인데 참새도 살아야지 어찌 그리
도 야박하신가

살 오른 오곡백과가 지천으로 널려 있는 이 풍성한 가을에
우리들 마음도 넓혀 보세나

사람마다 이 풍진 가을을 노래하는데 허수아비는 어찌하여
얼굴상 한 번 펴지 않고 무슨 속상한 일 그렇게도 많아서 찡그리고
화난 얼굴로 하루 왼종일 서 있는가

청명한 가을 하늘 아래 황금빛 들판 한복판에 쓰러질 듯이
서 있는 허수 아버지

낡은 밀짚모자는 초가을 태풍 불 때 날아가 버리고
걸쳐 입은 적삼은 찢어지고 해져서 바람에 너풀대네

하나뿐인 자네 아들 허수가 자네 몰골을 보면
안타까운 마음에 눈물깨나 흘리겠구먼
그런데 말일세 허수 아버지 자네 처자식은 어디에 있는가

분재 목

자유로운 영혼으로 살고 싶다 불어오는 바람에 육신을 내맡기고
흔들리는 가지들 춤춘다

작은 화분에 옮겨 심어 두 겹의 하늘 아래 자유는 없다
비바람 눈보라를 맞아 본 지가 언제인지 모른다

몸뚱어리와 팔다리는 철삿줄에 감겨 꺾이고 뒤틀린 채
고통스럽고 보기에 거슬리는 가지들은 잘려 나가 뼈아픈 고통을 견뎌
야 한다

자유를 유린당한 비극적인 삶에서 자유를 향한 간절함에 나는 통곡한다

오늘도 향수 냄새 진하게 풍기는 거실 문갑 고가구 위에서 영양제와
물수건으로 피어난 잎들을 닦으며 담배 연기 속에서 만족스러운 웃음
을 짓는다

나는 인간에 의하여 시각적 만족을 주기 위해 살아가는 분재 목이다

시집가는 날

하얀 얼굴에 분홍빛 립스틱 바르고 새하얀 면사포 길게 늘어뜨린
눈부시도록 아름다운 그 모습에는
사람의 아름다움이 별빛처럼 빛나고 있다

뜨겁게 잡아 주던 늙은 아버지 손 놓을 때
하얀 드레스 옷자락에 눈물이 흘러내린다

너무도 아름다운 내 딸아 부디 행복해야 한다
슬픔에 젖은 아버지 이별의 말은 드레스 끝자락에 돌처럼 매달리고
아버지 두 눈에는 슬픔이 가득 채워진다

화려한 불빛 레드 카펫 길게 펼쳐진 끝자락에는
남은 인생을 함께할 낯선 남자가 이별의 슬픔으로 서러운
내 가슴속에 자리를 잡고 앉는다

모래알처럼이나 수많은 사람 중에 인연으로 만난 그대가 있어
눈물로 얼룩진 면사포 자락에는 희망과 행복이 꽃처럼 피어난다

낯선 내 고향

달빛 부서져 내리는 들판을 보면서 차갑고 낯선
고향 바람을 맞는다
철없이 뛰어놀던 골목길 내 작은 발자국은 흔적도 없이 지워지고
수백 번을 오르던 뒷산 소나무는 거목으로 자라서
낯선 이방인으로 나를 외면한다

반겨 줄 사람 하나 없는 이 낯선 고향에
타향보다 더한 무관심과 냄새가 자리를 잡고 앉아서
고향 버린 배신의 마음을 가르치고 있다

찾아갈 곳은 아니라고 생각을 해 봐도
내 가슴 속에 바윗돌처럼 자리 잡은 너를 내 어찌 잊으리

내 죽는 날 너를 향하고 몸뚱어리를 너의 품에 맡길 때
날 외면하지 말아 다오

너는 언제나 나에게 있어 어머니 품속 같은 곳이었다
어머니의 마음으로 날 받아 준다면
살아서도 죽어서도 너는 나의 영원한 고향 내 안식처이다

철책선

두렵도록 고요한 달빛 아래 녹슨 철조망은 피눈물로
긴긴 세월 울고 있다

수많은 젊은 피 흘러간 산하에는 통곡의 소리마저 지쳐 버리고
긴 한숨으로 한 맺힌 슬픔을 대신한다

잔인한 인간의 욕망과 이념과 사상의 대립 수많은 젊은 영혼을
숨지게 한 한 맺힌 절규가 달빛처럼 흐르고 있다

고귀한 인간의 생명 신이 내린 무한의 선물
그 무엇도 대신할 수 없는 존귀함이

날아오는 작은 쇳조각에 죽어 간 살육의 현장
진흙 묻은 군홧발에 짓이겨진 인권 유린의 지옥

오늘도 동쪽 바다 위로 찬란한 태양은 떠오르고
잘린 백두 대간 허리 민족의 슬픈 역사 앞에
슬픈 가슴으로 태양은 지고 있다
붉은 노을을 슬픔으로 남기고 검은 물속 서쪽 바다로

망부석

가슴에 그리움 가득 담고 젖은 눈망울 시선이 머무는 곳
길게 누워 잠든 저 산 너머 낯선 사람들 속에서 정 줄 곳 하나 없는
외로운 타향에 내 마음속 그리움으로 살아가는 사람아

슬픈 기다림은 나그네 되어 먼 산 고개를 넘고 또 넘는다

날 잊지를 말아요, 미련한 사람 그 후회스러움이
미움과 원망이 되어 버리면 돌처럼 차가워진 가슴에서 당신을
떠나보낼 겁니다

그래도 마음속 작은 그리움과 기다림은 먼 산등성이 고갯길을
향하여 시선이 깊게 머물다 해 질 녘 노을빛 아래 지친 가슴으로
나는 돌이 되어 가리이다

공무도하(空無渡河)

따뜻한 봄바람 살랑살랑 불던 날 떨리는 가슴으로 내게로 온 당신
하얀 얼굴 붉은 입술 까만 눈동자 깜박이며 미소 짓던 사람
당신은 참으로 아름다웠다오

낮과 밤이 수없이 지나가는 세월 속에서 사랑하고 미워하고
아끼고 돌보면서 살아온 그 세월이 얼마였나요
흐르는 세월 따라 달려온 시간 속에서 당신과 나는 가 버린
세월만큼 변해 버렸다오

산과 같은 일 강과 같은 일 견디고 헤치며 살아온 그날들이
주름을 남기고 백발을 남겨 주었구려

아프지 않은 것이 이상하게 느껴지는 늙은 몸뚱어리들
이제 남아 있는 단 한 가지는 당신과 내가 다시 돌아오지 못하는
저 강을 건너는 것이라오

피할 수 없기에 가야만 하는 저 길에 서서 내가 당신에게
마지막 남기는 말은 님아, 저 강을 건너지 마오

폭포수

흘러내리는 물줄기는 비단 한 필을 내렸구나
무지개다리 위에 선녀의 발길을 멈추었네

수정처럼 맑은 물결 위에 물안개 피어오르고
떨어지는 물방울은 은구슬처럼 반짝인다

흔들리는 나뭇가지 새들은 날아들고
떨어진 야생화 꽃잎은 물결 따라 흘러가네

인적 없는 바위산 깊은 골짜기에 음악인들 들려오는
작은 북소리에 귀 기울여 들어 보니

악사는 보이지 않고 쏟아지는 하얀 물줄기가
내 가슴을 두드린다

감

맑은 햇살 아래 진녹색 잎사귀 가을바람에 흔들릴 때
숨바꼭질하던 철없는 누이동생처럼 들켜 버릴 줄 알면서도
얼굴을 살짝 내보이는 누이 닮은 감

주홍색 둥근 열매에 단물을 가득 담고 동짓달 긴긴 밤새워
글공부하던 사랑방 서방님 야식으로 출출한 배를 채워 주더니

마구간에 매어 둔 누렁이 황소를 물어 가려고 담 너머서
침 흘리며 기회를 보던 뒷산 호랑이란 놈
뒷다리 사이에 꼬리를 감추고 줄행랑을 치게 하는 감

올가을도 가지마다 줄줄이 열어 파란 가을 하늘 아래
곱디고운 주홍빛 얼굴로 아름다운 미소를 보이는구나

청개구리

한 탯줄을 밀고 나온 자식새끼들 지어미 젖가슴에 매달려
지어미 기름 빨아먹고 자란 놈들이

대가리에 먹물 집어넣고 세상 살아가도록 만들어서
남의 자식과 짝지어 내보냈더니
지어미 지아비 알기를 똥간에 구더기 보듯 하더이다

옛날 그 옛날에 세상 떠나신 어떤 어르신네가
가슴으로 울며 남긴 그 한마디를 무자식 상팔자더라

오늘도 추적추적 내리는 빗속에서 연잎 위에 달라붙어
하루 왼종일 울어 대는 청개구리란 놈

지가 낳은 자식새끼가 속을 썩이니 떠나보낸 부모가 그리운가 보다
그래 그렇지 자식을 낳아 봐야 부모 속을 아는 거지

아버지

은백색 머리카락은 황혼에 물들고 청춘에 아름다움은
세월 따라 가 버렸네

깊이 새겨진 주름마다 고뇌에 찬 삶이 새겨져 있구나
당신을 괴롭힌 고역의 노동은 손 마디마디 맺혀 있어라

새벽잠 맘 편하게 주무시지 못하고 첫닭이 우는 새벽 낯선 찬 공기
식구들 단잠 깨울라, 조용하게 현관문 여시던 아버지

바윗돌처럼 무거운 고역의 삶이 오늘도 당신 발걸음을 무겁게 합니다

바람 끝이 차가워진 어느 늦가을 고역의 삶의 멍에를 벗어 버리고
바람인 듯 구름인 듯 가신 아버지 당신이 서 계시던 그 자리에 서니
아버지 삶의 무게를 느끼며 당신을 그리워합니다

사랑합니다 아버지, 그리고 죄송합니다
당신은 내게 있어 신이셨습니다
나에게도 당신 같은 신이 계셨습니다

골목길

돌아가는 좁은 골목길 돌담 한 귀퉁이 귀뚜라미 밤새워 울고
세월을 안고 간 달력은 문틈 사이를 비집고 들어온 실바람에 흔들린다

쓸쓸함이 진하게 배어 있는 외진 골목에는
스쳐 지나간 사람들은 흔적조차 없는데
홀로 선 가로등은 누구를 기다리는가

새벽으로 가는 늦은 밤안개는 짙어지고
지친 가로등 불빛만이 세월의 길목을 비추고 서 있다

수많은 대화가 오고 간 늘어진 전선줄 위에는
동녘이 밝기 전에 길 떠나려는 작은 새 한 마리 잠들어 있다

오는 님 기다리는 골목길 초입도
가는 님 아쉬워하는 골목길 끝자락도
이 밤 숨죽인 채 잠들어 있다

진달래꽃

울 어머니 무덤가에 연분홍 진달래꽃
봄바람에 하늘하늘 예쁘게도 피었네

울 어머니 시집올 때 꽃분홍 무명 저고리 곱게 물들이고
연지곤지 찍은 양 볼 족두리 쓰고 구름 위를 수줍은 듯 걸어올 때에
눈부신 봄 햇살에 연분홍 진달래꽃 곱게도 피었다네

분홍빛 꿈을 꾸며 날 낳아 기르실 때
울 아버지 나무집 위에 한 아름 가득 진달래꽃 꺾어 와
어머니 가슴에 안겨 드릴 때
사랑과 행복이 꽃잎마다 소복소복 담겨 있었지

어머니 올봄도 연분홍 진달래꽃은 지천으로 피었는데
꽃잎처럼 아름다운 어머니 미소는 보이지 않고
불어오는 봄바람에 꽃잎만 하나둘씩 떨어져서
어머니 잠든 무덤가를 날아간다네

실향민

겹겹으로 가로막힌 철조망 눈 덮인 산등성이
시리도록 하얀 달빛은 내려앉고
밤공기 속에 들려오는 궁노루 울음소리

두 가닥 녹슨 철길 위에 수십 년 세월 피눈물을 흘리며
철마는 침묵 속에 잠들어 있구나

검은 산 고개를 넘고 또 넘어 안개구름 피어나는 골짜기 지나면
천 리 먼 길 버리고 떠나온 내 고향 내 정든 집

호롱불 빛 깜박이는 초저녁 화롯불 옆 저녁 밥상 앞에
둘러앉은 내 부모 내 형제들 기억마저 지워져 가고
내 기억 속을 더듬으며 살아 있는 날 언제라도 단 한 번만이라도
좋으니 나를 기다리는 그리운 내 고향에 가 보고 싶어라

나를 알아볼 사람은 하나 없어도 어머니 품속 같은 그곳에
포근하게 안겨 보고 싶어라

가을날에는

달빛은 창가에 흐르고 낙엽 진 빈 가지 그림자 드리운 곳
외로운 시선이 머물고 처마 밑 돌 틈 사이 등 굽은 귀뚜라미 울음소리
혼자 듣는 가을밤이 외롭다

뒤처진 외기러기는 노을 진 하늘가를 울면서 날아가고
두어 장 남아 있는 달력을 보며
무심히 가 버리는 세월 앞에서 고개를 숙인다

소슬한 가을바람에 떨어진 낙엽을 보며
내 마음속 애잔함이 눈물이 되어 흐른다

여름날 소나기처럼 그대 오기를 기다려 봐도
혼자만의 바람으로 끝나는 하루가 원망스럽다

그리고 함께 있어도 외로워지는 것은 가을날 한가운데에
내가 서 있기 때문이다
가을에는 대상도 없는 그리움이 기다림이 그리고 슬픔이 나를 힘들게
한다
가을날에는 왠지 모르게 외로워진다

추억

빛바랜 일기장 눌러쓴 글씨
어쩌다 생각나서 펼쳐 본 그곳에는
하얗게 지워진 그리움들이
하나씩 또 하나씩 수줍음으로 다가온다

아련한 그리움으로 눈앞에 그려지는
다시는 갈 수 없는 지나간 이야기들이
한 점 바람인가 한 점 구름인가 스치고 지나갈 때

아쉬움에 잡으려는 두 손은 허공을 휘젓고
가 버린 추억 속 이야기들은
텅 빈 내 가슴 속에 아련한 그리움이 되어
눈물 속에 추억으로 자리를 잡는다

2부 유년 시절의 그리움

봄

봄이 오는 길목에는 대바구니 소복하게 봄나물이 담겨 있고
수줍음 많은 어린 누이동생 연분홍 치맛자락에는
노란 봄 나비가 춤을 춘다

눈 녹아 흐르는 실개천 둑길에는
소년이 불어 주는 가녀린 버들피리 소리가
파랑새 날갯짓 따라 들려온다

하늘 중천에 멈추어 날고 있는 노고지리 날개 아래
푸른 청보리밭이 봄볕 아래 아름답다

겨울 찬 바람에 힘들었을 등 굽은 할미꽃
하얀 솜털 모자 깊게 눌러쓴 버들강아지
별빛처럼 작은 노란 민들레꽃

봄을 기다려 준 그대들에게 고마움을 전한다
나도 그대들처럼 봄을 기다리며
그대 모두를 몹시도 그리워하였다

안부

봄바람에 실려 오는 꽃의 향기처럼
안부를 물어 오는 자가 당신인가요

황사 바람 속 메마른 들판 위에 촉촉하게 내리는 봄비처럼
안부를 물어 오는 자가 당신인가요

사람들 속에서 부닥치며 살아가는 지친 내 가슴속에
작은 행복 하나를 남겨 준 전화기 속 당신의 말 한마디

나를 위해 안부를 물어 주는 당신이 있다는 것이
얼마나 행복한 것인지요

나는 부끄러운 마음으로 나를 돌아봅니다
어느 날 문득 생각나는 모든 사람에게 안부를 물어보고 싶어집니다

잡초

어느 한 사람 눈길 한 번 주지 않는 천덕꾸러기
찬 이슬 비바람 속의 외로움은 그렇다고 치자
구두 뒤축으로 짓이겨지는 멸시 받은 잔인한 삶

살기 위해 몸부림치는 젊은 날 영혼의 흐느낌
작은 손길마저 인색한 홀로 선 현실 앞에서

수백 번 무너지는 지친 가슴에는
한 줌 지나가는 바람의 끝자락에 던지는 말에도
울먹이는 가슴으로 고마워했다

눈물 속에 잠겨 우는 서러운 별빛
지나가는 바람 소리는 흐느끼고
끝이 보이지 않는 어둠 속
저 멀리에서 내려오는 실낱같은 희망의 줄
그 줄을 잡고 곡예를 한다
메마른 세상 밭에 어쩌다 던져진 잡초 같은 삶의 밑바닥에서

가난하다는 것

동쪽 검은 산등성이를 힘들게 올라온 달빛이 울고 있다
한 아름 되는 고지박을 몇 개씩이나 얹고 선 초가삼간 작은 집
한지 찢어진 살문 사이로 희미한 등잔불이 애처롭다

한 잔 술값도 안 되는 살림살이
꾸어다 놓은 두어 됫박 보릿자루는 윗목에서 서럽고
한 건 잡겠다며 길 떠난 서방님 소식 끊긴 지 어언 삼 년 세월
남편 떠나던 날 밤 사랑으로 만들어진 아들놈은
옷 한 벌 제대로 입혀 보지 못하였네

낡은 돗자리 깔아 놓은 작은 방에는
아들놈이 지린 오줌 냄새가 가득하고
저녁에 먹을 보리죽 한 그릇은 지 살겠다고 달려드는
어린 자식 놈에게 빼앗겨 버렸네

달빛마저 서러운 이 밤에
저고리 고름 말아 쥔 손 가늘게 떨며 슬픈 눈망울로 달을 본다
달과 함께 울어 대는 이 밤이 너무 서럽다

곰배령

몇백 리를 달려온지 모를 낯선 바람
산허리를 돌아 계곡을 거슬러서 올라온 숨찬 바람이
곰배령 산등성이에서 잠시 쉬어 가려 한다

잡목 숲을 지나 나무 계단을 수없이 올라서도
하늘로 뻗은 산길은 끝이 없어 보이고
턱밑까지 찬 숨 헐떡이며 올라선 곰배령 산등성이
여인의 눈동자와 마주친 붉은 야생화 꽃잎이 몹시도 수줍어한다

오늘 하루 세상사 모든 일 다 던져 버리고
마음을 비워 버린 신선이 되어
야생화 곱게 핀 천상의 화원에서
산 아래 세상을 바라보는 시선이 참으로 평화롭다

백두 대간 한 자락에 자리 잡은 곰배령에
올라온 산길을 되돌아가려 하니
쉬고 있던 바람이 곰배령 골짜기를 따라 사정없이 내달리네

보릿고개

참으로 서러운 오월의 밤
찐 감자 몇 알로 허기진 배고픔을 달래고
모깃불 피워 놓은 멍석 위에 누워
흐르는 눈물 속
가난한 서러움을 달래 본다

바람결에 흔들리는 밀보리는 아직도 햇볕을 얼마나 더 받아야
가마솥 보리밥으로 배부른 행복을 줄지
초근목피의 내 슬픈 오월이 슬픈 눈물 속에 가고 있다

수많은 슬픔 중에 배고픈 설움이 가장 크다고
내 손 잡고 우시던 어머니의 한 맺힌 그 말을
가슴 속에서 지울 수 없는데……

바람 속으로 지워져 가는 보릿고개, 내 어린 날 이야기는
살아 있는 마지막 날까지 슬픔으로 함께하겠지
배고픈 어머니의 슬픈 추억과 함께……

너와집

가을 지난 계곡에 늦게 핀 들국화
꽃잎 오그라든 채 찬 서리 내린 아침
바람에 떨고 있다

차가운 바람은 햇살마저 걷어 내고
잎 떨어진 단풍나무 가지 사이로 겨울을 몰고 온다

구마동 깊은 계곡 산비탈 화전 밭 한 귀퉁이
쓰러질 듯 세월을 안고 선 너와집 하나

삼시 세끼 강냉이죽 먹고 소나무 옹이로 불 밝히며 살던 주인은
인적 드문 골 깊은 이곳이 싫다고
늙으신 아버지 숨 떨어지기 무섭게 뒤도 안 돌아보며
떠나 버린 이곳에
돌무더기 갈대숲 속 너와집이 힘겹게 서 있다

앞산과 뒷산은 마주 선 채 정답고
불쑥 찾아온 낯선 사람 방문에 귀를 기울인다

겨울로 접어든 구마동 계곡

차가운 바위에 등을 기댄 채
긴 한숨으로 외로운 시선이 머문다

아마도 너와집에 몸담고 살던 집주인인가 보다

겨울을 향하여 가는 인생

석양이 내려앉은 들판에 가을걷이는 끝나고
이삭 줍던 아낙네마저 보이지 않는데
먼 길을 날아온 기러기 떼
떨어진 곡식알로 배를 채운다

쓸쓸한 늦가을은 바람 속에서 외롭고
찬 바람 속 길 떠난 나그네 발걸음이 무겁다

이 계절쯤 된 내 인생도 노을빛처럼 저물어 가는데
찬 서리 내린 들길에 외롭게 핀 들국화처럼 이 쓸쓸함을 어이하리

화려하게 살아온 인생이 아니라 미련은 없고
평범하게 살아온 인생이라 다행이 아니던가

계절의 끝자락에 홀로 서니
가을 하늘 텅 빈 공간처럼 내 마음도 비어 있는데
채울 수 있는 것이 아무것도 없구나
늙어 가는 것보다 더한 공허함과 외로움이 힘들다

내 인생 겨울을 넘어 봄으로 가기를 원하지만

어쩔 수 없이 이 겨울 앞으로 슬픈 마중을 가야 한다

재생이 없는 인생의 겨울로 가는 길목에는
어둠이 조금씩 석양을 밀어내고 있다

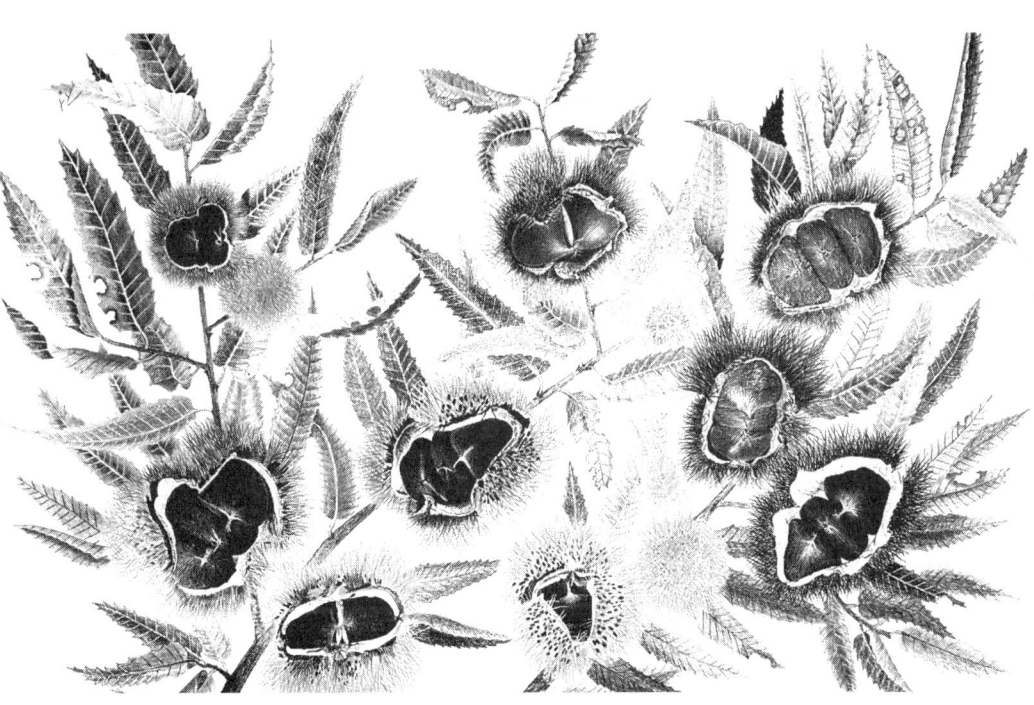

호롱 등불

달빛마저 잠들어 버린 어두운 밤에
한지 바른 초가집 살문 넘어
새하얀 호롱 등불 등잔대 위에
위태롭게 올라앉아 어두운 방에 빛을 뿌린다

까만 연기 나풀거리며 콩알만큼 작은 불빛을 방 안 가득 뿌린다

호롱불 그 작은 불빛은 가늘게 흔들리고 흐릿한 불빛 아래서
꿈을 키우는 소년의 밤공부는 새벽닭이 울 때까지 이어진다

먼 길 떠난 지아비 무사 귀향을 바라는
아낙네의 긴 기다림이
흔들리는 호롱불 아래 간절하다

금방이라도 꺼져 버릴 것 같은 호롱 등불이
문풍지 흔들리는 틈새 바람에
바깥 어둠 들어와 삼켜 버릴까 봐
가녀린 등잔대 위에서 떨고 있다

가 버린 당신

슬픔은 파도처럼 밀려오고 가슴은 아파 오는데
당신 떠난 빈자리에 나 홀로 서서
지난 일을 생각하며 후회합니다

사랑한다 말도 못 하고 뒤돌아선 나지만
초라해진 모습에 다시 한번
당신을 사랑하게 해 주세요

바람결에 들려오는 당신 소식은
아직도 혼자라는데
당신도 나 때문에 외로운가요
다시 한번 돌아오세요

사랑한다 말도 못 하고 보내 버린 나지만
다시 한번 내게로 돌아온다면
이제는 당신을 사랑할 수 있을 겁니다

물레야 물레야

삼베 치맛자락에 한 서린 슬픔 가득 담고
등잔불 깜박이는 외로운 밤에
물레질하는 여인의 한숨은 밤과 함께 깊어 간다

구름 속 오고 가던 초승달은 지고 밤바람은 스산한데
뒷산 소쩍새는 밤새워 우는구나

동짓달 긴긴밤은 깊어만 가고
개 짖는 소리마저 쓸쓸함을 더해 주네

시집온 지 일 년 만에 병든 남편 저세상 보내고
남편 잡아먹은 년으로 돌팔매 맞으며
찾는 이 하나 없는 외진 이곳에는
죽음보다 더한 잔인한 외로움이
혼자 맞이하는 밤을 한가득 채운다

서러움에 눈물은 두 볼을 적시고
잠들지 못하는 겨울밤은 길기도 하구나

물레야 돌아라, 돌아라 물레야
첫닭이 울고 새벽녘 동이 틀 때까지
물레야 돌아라, 돌아라 물레야

백일홍

켜켜이 피어난 붉은 꽃잎에
인연으로 맺어진 한없는 그리움이
차곡차곡 쌓였어라

붉은 순정은 백 일을 약속하고
님 그리워 울며 지샌 밤
밝은 달빛은 왜 이리도 고운 것인가

하얀 찬 서리는 꽃잎에 내리고
새며 지친 긴 날들의 밤은 오고 가는데

오늘도 떠오르는 저 햇볕 아래서
밤새워 내린 서리는
붉은 꽃잎 위에서 눈물처럼 방울져 흘러내리네

한번 맺은 인연의
한이 서린 기다림은
오늘도 그리움으로 피어나
붉은 꽃잎 위에서 눈을 감는다

진퇴양난(進退兩難)

항아리에 우물물 한가득 퍼 담아 머리에 올릴 때
흔들리는 항아리 물 넘쳐 등에 업은 아기 얼굴에 찬물 쏟아지니
자지러질 듯 아기가 울어 댄다

힘 들어간 배 견디지 못한 몸뻬 바지 고무줄은 끊어져 허리 아래로 흘러내리고
돌부리에 걸린 신발은 벗겨져 비탈길 아래로 데굴데굴 굴러간다

북쪽 하늘 가득 검은 구름은 물 먹은 바람과 함께 천둥 번개 몰고 오는데
금방이라도 세찬 소나기 한줄기 내릴 것 같다

마당 한가운데 길게 늘어진 빨랫줄에는 오전 내 빨아 널은 빨래가 바람에 한가득 너풀대고
마당 가득 펼쳐 놓은 멍석 위에는 두어 섬 족히 되는 밀보리가 널려 있다

부엌 가마솥에는 점심으로 먹을 콩죽이 뜨거운 장작불에 펄펄 끓어 넘치는데
치매에 걸린 안노인 사랑방 아랫목에서 혼자 볼일 보고 온 벽에 똥칠하고 있네

이 일을 어찌할꼬~~~
미치든지 기절하든지 환장을 하든지 진퇴양난이 아니던가

사물놀이

두들겨라, 때리거라, 치거라
쇳소리, 가죽 소리, 울려 퍼지고
머리 한 번 까딱할 때 상모는 돌고 돈다
대바구니 든 아지매 어깨춤 들썩이고
지게 진 동네 아재도 춤을 추는데
어깨는 흔들흔들 엉덩이 씰룩씰룩

꽹과리는 줄게, 줄게, 장고는 줄까, 말까,
징은 주어라, 주어라
사물놀이 장단에 정하여진 춤사위가 어디 있으며
잘 춘다 못 춘다 어디 있나
흥 나는 대로 흔들어 주고 장단에 맞춰서 두들기면 되는 것을

마누라 머리에 수건 돌돌 말아 어깨 사이 집어넣고 꼽추춤 추어 볼까
사지가 뒤틀리고 오만상이 일그러진 병신춤을 추어 볼까
시집온 새색시 왼손으로 입 가리고 엉덩이 살랑살랑 색시춤 추어 볼까
갓 쓰고 도포 입고 담뱃대 길게 물고
정자모에 수염 길게 쓰다듬는 양반춤을 추어 볼까

두들겨라, 때리거라, 치거라
사물놀이 장단에 춤사위에
웃음과 즐거움이 넘실넘실 춤을 춘다

유년 시절의 그리움

나지막한 산등성이 아래 검푸른 소나무 우거진 산골
듬성듬성 초라하게 모여 있는 초가집 마을

속 빈 통나무 세워 놓은 굴뚝으로 하얀 연기 모락모락 피어오르고
작은 온돌방 돗자리 위에 정 깊은 부모 형제 마주하던 곳
세월 속 시간들은 모든 것 가져가 버리고 그리운 추억만이 서럽다

스산한 겨울 찬 바람 뒷산 솔밭 부엉이는 밤새워 울고
불빛 꺼진 초가집은 웅크린 채 차가운 밤이슬 속에서 잠이 든다

흙먼지 날리던 좁은 골목길 옆에는 아련한 추억 속에 멈춰 선
디딜방아는 먼지 속에 잠들어 있고
누에고치 명주실 자아내던 물레는 긴긴 세월 앞에 망가져 버렸다

발자국마다 새겨진 유년의 추억도
들풀처럼 자라나던 젊은 날의 꿈도 수많은 이야기도
찢어진 일기장 빛바랜 글씨처럼 지워져 가고

아름답게만 기억되는
지워져 가는 이야기들은 추억으로 남아
내 가슴속에 그리움을 심어 놓는다

내 사랑 고운 님아

안개비 하얗게 밤새워 내리더니
거미줄에 은구슬이 방울방울 맺혔구나
한 가닥 떼어다가 님의 목에 걸어 줄까

푸른 토란 잎에 구슬처럼 구르는 물방울을 가져다가
반지 하나 만들어서
섬섬옥수 가녀린 님의 손에 끼워 주면
님의 고운 얼굴 위에 웃음 가득 피어나겠지

안개 같은 하얀 실비에
내 마음도 촉촉하게 젖어 드는데
님아, 내 사랑하는 고운 님아

실비 소리 없이 내리는 이 봄날에
그대를 향한 이 마음에 따뜻한 님의 향기를 느끼게 해 주오

막걸리

누런 알루미늄 주전자 구부러진 주둥이 가득 담긴 막걸리
질그릇 검은 뚝배기 넘치도록 부어라
탁배기야, 탁주야, 농주야, 막걸리야 네가 있어서 행복하다

한여름 뙤약볕 아래 숨 헐떡이며 일하던 농부
흐르는 땀 소매로 닦으며
농주 한 사발 목구멍으로 쏟아붓고 왕소금 몇 알 입에 넣으며
캬 ~~ 세상에 이보다 더 좋을 순 없다

믿던 친구 빚보증 서 주었다 문전옥답 날아갈 때
탁배기 한 사발 들이켜고 주먹 쥔 손 흙바닥 한 번 내리치고
캬 ~~ 이 녀석 내 돈 처먹고 잘 살아라

애지중지 키운 내 딸 시집갈 때 섭섭한 가슴 달래려고
놋대접 넘치도록 탁주 한 사발 들이켜고
캬 ~~ 고놈의 자슥 믿음직하기는 하더구먼

십 년 넘는 세월 같이 살아온 자식 같은 누렁이 황소란 놈
아들 녀석 대학 입학금 마련코자 팔아 치우고
소 장수에게 고삐 잡혀 싸리문 나갈 때에

바가지 넘치도록 막걸리 쏟아부어 단숨에 들이켜고
캬 ~~ 학자금 쓰고 돈 남으면 송아지 한 마리 사세 그려

세상 시름 모든 일 막걸리처럼 잘도 넘어간다

우리 집 똥개 1

술 취한 아버지 집으로 오실 때
골목 어귀까지 쫓아 나가 앞서거니 뒤서거니
엉덩이 흔들며 반갑다고 뛰어오르던 누렁이

아버지 발길질에 옆구리 차이고도 벗겨져 날아간 신발 찾아
물 고인 논바닥으로 뛰어들던 누렁이

뒷집 검둥이와 뜨거운 사랑 나누고
삼복지간 무더운 여름날에
어미 닮은 강아지 열 마리 낳아
숨 헐떡이며 젖 먹여 키웠는데
아버지 담뱃값 술값으로 제 새끼 팔려 갈 때
끙끙대며 가슴으로 울던 바보 같던 누렁이

땔감하러 산에 가신 아버지 따라가더니
산토끼 잡아 숨차게 물고 와서
울 아버지 몸보신하라고 내주던 누렁이

달 밝은 밤하늘을 보면서 긴 울음을 울어 대던 누렁이는
팔려 간 새끼들이 몹시도 그리웠나 보다

밤새 울고 있는 누렁이 늑대 같다며
찬 바람 불던 늦가을 아버지 눈 밖에 나
다시는 올 수 없는 먼 길을 떠났다

누가 인간을 만물의 영장이라 하였을까
미안하다 가여운 우리 누렁이

소나무

조각난 검은 껍질 하얀 속살 감추고
붉은 가지마다 파란 잎 촘촘히 피게 하여
한겨울 눈보라에도 하얀 눈꽃 송이 피게 하고

여름날 안개비 내릴 때면 가는 잎새 수정 구슬로 장식하는 너
구부러지고 꺾어진 비바람 속 수백 년 세월 살아온 그 아름다움이
수묵화 속에 자리 잡고 사람의 눈과 마음 홀리는 너, 천년 송아!

말 없는 긴 세월을 살며 전설을 담고
오늘도 그 자리에 신이 되어 서 있구나
어둠이 내려앉은 밤이 오면 촘촘한 가지마다 새들을 불러들여
하룻밤 정을 베푸는

길 가던 나그네 소나무 그늘 아래 잠시 쉬거든
가지들 벌려 따가운 햇볕 가려 주고
가지들 흔들어서 솔바람으로 흐르는 땀방울 식혀 주게나
혹 나그네 단잠에 빠져들거든 솔바람 속 옛사랑 꿈꾸게 해 주오

내 고향 겨울밤 풍경

눈 덮인 들녘 벼 베어 낸 그루터기에는
하얀 눈이 아이스크림처럼 소복하게 담겨 있고
달빛은 시리도록 차갑게 비추는데
뒷산 소나무 숲에는 밤새워 울고 있는 부엉이 소리가
새벽 첫닭이 울 때까지 이어진다

도로 옆 작은 담배 가게 뒷방에는 촌노들과
간드러진 주모의 노래가 젓가락 장단에 밤을 새우고
달을 향하여 가끔씩 울고 있는 멍멍이는 자신의 할아버지가
늑대였음을 알기나 하는 건지

첫차 타고 학교에 가야 하는 영철이네는
아침 준비를 하는지 굴뚝을 타고
피어오르는 하얀 연기가 하늘 높이 올라간다

밤을 새워 노름판을 벌인 태수 아저씨는 앙칼진 태수 아지매 호통에 쫓겨나
대문 밖 처마 밑에 쪼그리고 앉아서 겨울 새벽 찬 공기 속에서 떨고 있다

내 어린 시절 고향은 꿈속 같은 그림으로 마음속에 남아
한 걸음 또 한 걸음씩 고향으로 나를 부른다

나의 누님

달맞이꽃처럼 새하얀 수줍음
숨어서 웃던 나의 누이여!
여자로 태어나
따뜻한 가슴, 부드러운 손길의 남자를 만나서
사랑받으며 살고 싶은 마음이
왜 없었겠는가?

불한당 같은 사람에게 헌신짝 버리듯 주어 버린
집안 어른들의 무책임한 결정으로
누나는 연약한 여인의 삶이 아니었습니다

성적 욕망을 해소하는 노리개
마음속 분노를 풀 수 있는 손쉬운 폭력의 대상
피 흘림의 고통과 눈물의 세월을 원망으로 살아왔습니다

삶에 슬픔과 원망이 오죽 한스러웠으면
웃음마저 슬픔에 젖어서 울고 있습니다

돌아올 수 없는 청춘은 가 버리고 삶을 던져 버린 허무한
천덕꾸러기로 살아온 인생의 마지막 시간 앞에

미움과 원망이 무슨 소용이 있으리오

먼 산을 바라보는 누나의 눈망울 속에는
초라한 여인의 진한 슬픔이
겨울로 가는 늦가을 들녘 길을 외롭게 가고 있습니다

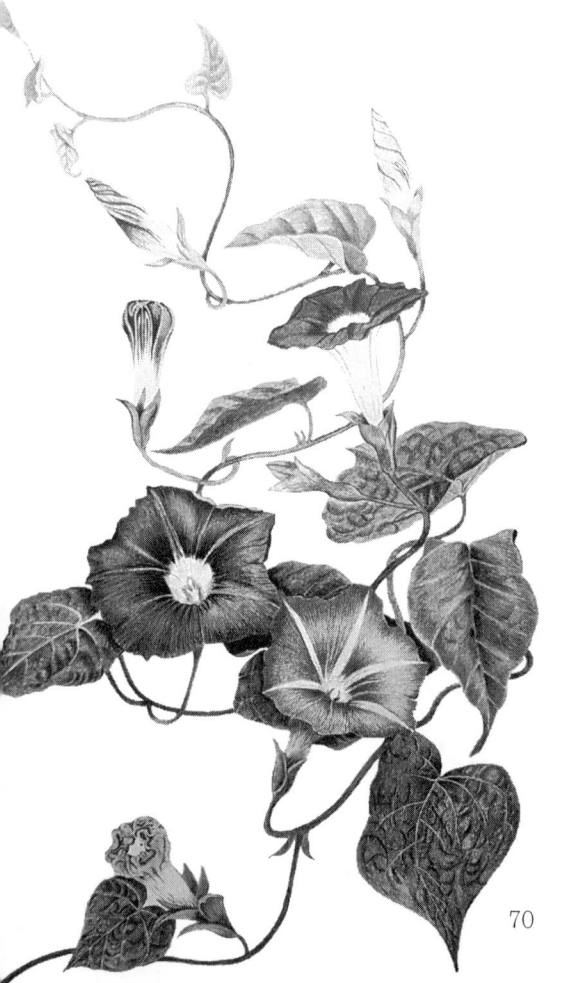

솔고개

짧게 남긴 이별의 말은 바람처럼 떠돌고
돌아온다고 약속한 맹세는 수십 년 세월 속 그 자리
긴긴 기다림은 원망이 되고
지친 가슴속에 돌이 되어 박혔구나

허황된 욕심을 채우려고
떠돌아 헤맨 세월이 얼마이던가

지쳐 버린 삶에서 뒤돌아서서 보니
빈손인 채 솔고개에 홀로 서 있네

고갯마루 늙은 소나무는 그대로인데
그리던 고향 마을에
날 기다리던 사람들은 모두 떠나고

초저녁 어둠이 내려앉은 시골 마을에
저녁연기만 하늘 높이 날아오르네

보름달

기러기 떼 날아오르는 갈대숲에
살며시 내려앉은 둥근 보름달
감나무 가지 끝에 붉은 홍시
투명하게 한참 비추더니
널뛰는 열아홉 수줍은 처녀들 붉은 댕기 끝에
매달리다가

기암괴석 소나무 그늘 아래
포효하는 호랑이 콧잔등 위에 내려앉고
짝 찾아 나선 늑대의 긴 울음소리 끝자락에
보름달이 뜨더이다

줄줄이 손을 잡고 강강술래 돌고 도는
아낙네들 춤추는 높은 하늘에도

노 저어 가는 길 떠난 나그네와
뱃사공이 부르는 노랫가락 흐르는 검은 물속에도
찰랑이는 물결 따라 보름달이 뜨더이다

장미꽃

붉은 순정 가득 담고 피어난 꽃잎 위에
사랑의 눈길 뜨겁게 머물다 영혼을 빼앗겼다

죽을 만큼 보고 싶은 긴 날들의 그리움
하얀 밤을 지새우며 몸부림치다

아름다운 모습 뒤에 감춰진 과거사를
내 어이 알겠냐마는

가슴에 맺힌 한이 붉은 가시로 솟아나
두려움에 다가갈 수 없어 걸음을 멈췄다

꽃은 시들고 향기 사라져 버린 장미는
서릿발같이 돋아난 가시 끝에서
싸늘한 미소를 보내고 있다

나비도 벌도 찾지 않는 유한한 아름다움이
초여름 햇볕 아래 한풀이 끝난 듯 초라하다

가을 길에 서면

해 질 녘
들길을 스치는 가을바람이
갈댓잎을 흔들며 지나간다

언덕길을 올라서
산비탈을 지날 때는
바람에 날려 가는 갈잎 구르는 소리

산등성이를 물들이며 내려오는
붉은 단풍잎은 낙엽이 되어 떨어지고

숨 가쁘게 달려온 인생의 노년도
늦가을쯤이 되겠구나

정을 나누며 살아온 친구들은
낙엽처럼 하나둘 떠나가고

홀로 선 가을에 외로움이 흐르는
노을 진 하늘가
나는 기러기 홀로 외롭다

붉은 입술

귓속으로 파고드는 달콤한 속삭임에
영혼을 빼앗겨 버렸네

꽃잎으로 다가오는 옅은 미소에
한마디 말조차 남기지 못했네

진실이 감추어진 붉은 입술에는
거짓의 달콤함이 꿀물처럼 흐르고

아름다움 뒤편에 감추어진 날 선 가시

붉은 입술로 다가오는 달콤함에
마음 주지 말아요

등 돌리며 던지고 간 이별의 말은
가슴속 상처로 남아 눈물이 되어 흐를 거예요

길 위에 서면

길이 있으니 사람들이 오고 가고
사람들이 오고 가니 길이 되었구나

스치고 지나간 영혼들의 흔적들
삶에 지친 소리 없는 흐느낌은
바람처럼 떠돌고

인생길 지나온 젊은 날의 추억들
뒤돌아보는 노년의 쓸쓸함이여

길 위에 서면
잘 가라는 인사 한마디 못 하고
등 뒤에서 슬피 울던 그대가 생각나네

세월 따라 걸어온 길 위에는
수많은 사연이
낙엽처럼 쌓여 있는데

길 위에 서면 나도
스치고 지나가 버린
한 점 바람처럼 세월 속으로 사라져 버리겠지

인생

어쩌다 태어나서 그냥 던져진 세상
한 치 앞도 모르는 가려진 앞날

준비도 안 된 채 그냥 살아왔다네

어디 기댈 곳도 누구 하나 손잡아 주는 이 없는
천둥벌거숭이로 그냥 살아왔다네

칠십 평생을 살아오면서 문득 뒤돌아보니
이제야 깨달았네, 인생사 별거 아니란 걸
모든 것이 다 허허로운 것이었다는 걸

그냥 살아온 세상에서
여호와를 알게 된 것과
남편만 아는 아내를 만난 것과
나를 꼭 닮은 자식 놈 셋을 둔 것은
내 인생 가장 큰 축복이라네

이쯤에서 세상을 떠난다 해도
슬프거나 아쉬움은 없다네

그냥 왔다가
그냥 떠나는 인생인데
그냥 그렇지 뭐, 무엇이 더 있겠는가

이별

그리운 마음이야 오죽하리오만
만남이 쉽지 않은 현실 앞에서
무너지는 가슴으로 무릎을 꿇는다

빛바랜 옛 추억에 목마른, 그리움의 시선은
저 먼 하늘가를 서성이고

낯선 이방인들 틈 사이에서 모진 삶을 배워 살다가
어느 날 문득 생각나는 사람을 그리며
미워지는 마음에 긴 한숨을 쉬겠지

한나절의 시간이면 갈 수 있는 거리마저도
만남을 허락하지 않는 안타까움에
그냥 추억 속 그리움만이 이별의 아픔을 말해 주지

수많은 세월이 지난 뒤에야 알았다네

이별이란 그렇게 쉬운 것이 아니란 걸
그리움만 자꾸 쌓여 간다는 것을

짝사랑

솔향기를 가득 담은 산바람이
수줍은 여인의 볼따구니를 어루만지며 지나간다

복숭아 꽃잎 같은 연분홍빛 얼굴에
보랏빛 미소가 아름답다

검은 머리카락을 스치는 산들바람에
여인의 향기가 진하게 배어 있다

다가서고 싶은데 가슴은 두근거리고
말을 걸어 보려 하여도 숨이 차오른다

마주치는 눈빛으로 상큼한 미소를 남기고
스치듯이 비켜 지나가는 여인의 뒤편에서
뛰는 가슴 긴 한숨으로 바라만 보았다

여인의 향기가 한참 동안이나 코끝을 맴돌고 있었다

코스모스 꽃길

풍요로운 가을길 옆 황금빛 들녘에
살 오른 벼 이삭은 겸손함을 나타내고
도로 옆 줄지어 늘어선 코스모스꽃들이 아름답다

분홍빛 꽃잎에 가녀린 소녀의 숨결이 담겨 있고
붉은 꽃잎 위에는 새색시 연지 볼 수줍은 미소가 담겨 있다

소슬한 바람 불어오면 춤추는 듯 흔들리는 꽃길에
미소가 아름답던 첫사랑 소녀가 꽃잎들 사이에서 숨어 웃는다

가을바람 들길을 스치듯 지나갈 때
진하지 않은 꽃향기는 바람에 날리고
꽃잎처럼 아름답던 추억이 향기 품어 피어난다

지워져 가는 추억은 하얀 꽃잎 되어 사라지고
지금은 대상 없는 그리움과 허전함이
코스모스 꽃길 따라 꽃잎 흔들며 지나간다

낯선 사람들 속에서

세상에 태어나서 함께 가는 사람들아
당신은 누구고 나는 또 누구인가

한 번도 가 본 적 없는 낯선 길 가다가
만남과 헤어짐이 반복되는 삶에서
너를 알고 나를 알리고 친구가 되고 사랑하는 사람이 되고
인연이 되어서 얽히고설키며 살아들 가는 거지

이 세상에 서로 알며 태어난 자 그 누구이던가

낯선 만남 그대라도 정을 주고 정 받으면
인간사 그것이 행복이지 않은가

낯선 그대 알고 보니 정 많은 사람이더라
슬픔을 알고 기쁨을 알고 사랑과 미움을 아는
낯선 그대도 알고 보니 가슴이 따뜻한 사람이더라

3부

가는 세월에

아버님 전상서 1

오월 햇살 아래서 보리 향기에 취해 하늘을 본다
뭉게구름 아래 나는 새 한 마리 수다스럽다

이맘때쯤이면 가슴 아리도록 그리운 아버지
곰방대 입에 물고 지게 위에 나를 얹고
휘파람 불며 가시던 내 아버지

막걸리 몇 잔에 취기가 돌면 십팔 번으로 부르시던
'낙화유수'
그리운 아버지 생각날 때 부르는 내 십팔 번 노래

나를 키우면 호강할 거라 생각하시며
몸 사리지 않고 일하시던 아버지

나는 막걸리 한 잔 드리지 못한 채 아버지를 떠나보냈다
지금 아버지 그 나이에 서서
아버지를 생각한다
가슴 아리도록 그리운 내 아버지를

아버님 전상서 2

삼월 초 아버지 산소를 찾았다
잔설이 남아 있는 봉분 위를 찬 바람이 횡하니 지나간다
잠들어 계신 아버지를 울음 섞인 목소리로 불러 본다, 아버지

서울 생활에 가끔 시간을 내어 고향을 찾으면
반가운 마음을 애써 감추시던 아버지
"원아, 나하고 논에 가 볼래?"

아버지 말씀이 무엇인지 나는 잘 안다
서울 수돗물에 땟물 벗은 아들놈 하얀 얼굴을
자랑하는 것이 아버지의 행복이었나 보다
나를 데리고 동네를 한 바퀴 돌고는 집으로 오신다

논은 무슨 논, 그곳은 처음부터 마음에도 없었다
그렇게도 나를 사랑하시던 아버지가
내가 온 것도 모른 채 아무런 말이 없으시다

아버지를 따라 동네 한 바퀴 돌고 싶은데
아버지와 함께 낙화유수를 불러도 보고 싶은데
아버지 정말로 그리운 내 아버지
그리움에 흘리는 눈물만큼이나 그리운 내 아버지

가는 세월에

사십 도를 넘나들던 여름날 무더위도
아침저녁 불어오는 서늘한 바람에 기가 죽은 듯
들판 지나 언덕 너머로 도망치듯 가 버리고

더위와 가뭄으로 말라 터진 논바닥에
씨알을 맺기 위해 기를 쓰던 벼 포기는
어젯밤 쏟아진 소나기 한줄기에 목마른 갈증이 해소되었나
푸른 잎에 생기가 돈다

사십 년 세월 사과 농사를 지어 온
동네 아재는
화상을 입고 떨어진 사과를 양손에 들고서
긴 한숨으로 하늘을 본다

사람마다 가슴속에는 풍년을 기다리는 마음이야 왜 없겠냐만
세상사 모든 일이 뜻대로 되는 것이 어디 하나인들 있다던가
그래도 말일세 옆집 암소는 송아지를 쌍둥이로 낳았고
감나무 집 털보네는 막내딸이 시집을 간다고
자정이 넘도록 불이 켜져 있다네
인정 많은 털보 영감 눈물깨나 흘리겠지

이 가을이 지나고 나면 추운 겨울이 찾아오고 지난여름 무더위는 잊히겠지
한겨울 추위 속에 눈 덮인 들판을 바라보면서 내년 농사일을 또 걱정하겠지

가는 세월에 그렇게들 살아가는 게 인생사 아니던가
덥고 습한 여름날도 가는 길에 약속을 하더구먼
내년 칠팔월 삼복 때 꼭 다시 오겠다고

추억의 신작로

흙먼지 바람에 날리고 주먹만 한 돌멩이 뒹구는 길
누런 황소가 끌고 가는 달구지가 덜컹거리는 길
일정한 간격으로 줄지어 늘어선 미루나무는
철 따라 옷을 갈아입으며 바람결에 큰 키를 흔들었다

높은 가지 끝에 버들 매미 위태롭게 앉아서 노래 부르고
시집가는 누나가 고향 집 뒤돌아보며 울며 떠난 신작로
직장 얻어 도시로 떠나던 형이 기쁜 듯 슬픈 듯 걸어간 신작로

새 떼들의 군무인 듯 떨어지는 낙엽 속을
사랑하는 사람 손잡고 걸어가면 더욱 행복할 거라고
첫눈이 내리면 끝 간 데 없이 눈길을 따라 혼자 걸어도
사랑하는 사람이 있어 함께 걸어도 더욱더 행복할 거라고

미루나무 길게 늘어선 신작로를 한없이 걷고 싶다
낙엽 지는 이 가을에는 더욱더
걸어 보고 싶어지는 추억의 신작로

우리 형 1

죽음이 눈앞에 오고 가는 땅속
수백 미터 파 내려간 석탄 광산 막장에서
가쁜 숨 몰아쉬며 삽질하던 우리 형

소금기에 절인 까만 작업복에 지친 몸 감추고
죽음 속을 오고 간 하루 또 하루가 수십 년 세월
어깨를 짓누르는 돌덩이 같은 삶의 무게가
너무도 힘들어 돌아서서 눈물 흘리던 우리 형

가난 굴레를 벗어나기 위해 선택한 것이 잘못이었나
마음에 품은 꿈도 타고난 남모를 재능도 던져 버리고
석탄 가루 마시며 검은 굴속으로 발길을 옮기던 형

무덤이 될지도 모르는 하데스의 세계
그 깊은 곳으로

우리 형 2

소독 냄새 진하게 풍기는 병실 침대 위
가쁜 숨 몰아쉬며 힘겹게 생명 줄 붙잡고
고통 속에서 신음하는 우리 형

수십 년 광부 생활 훈장처럼 달고 다니는 규폐증 환자
검은 석탄에 젊은 청춘 다 바치고
지금은 다가오는 죽음을 맞이하려나
마음 편하다 말하는 애처로운 우리 형

막장에서 삽질하던 그 덕분에
누군가는 따뜻한 방에서 텔레비전 연속극을 보다 잠을 자고
또 선술집 원탁 구공탄에 찌개 올려 막걸리 한잔 기울이며
울기도 하고 웃기도 하리

가쁜 숨 몰아쉬며 실낱같은 생명 줄을 잡고
아직 살아 있음을 확인하고 또 확인하는
바람 앞에 촛불 같은 인생의 마지막 장을 넘기려는 형아
제발, 제발 덮지 마소서

우리 형 3

형은 가셨습니다, 혼자 외롭게 가셨습니다
한 많은 세상을 저버리고
하데스 곁으로 떠나셨습니다

우는 자식들과 살 비비고 살아온 아내를
남겨 두고 훨훨 떠나셨습니다

살기 위해 몸부림친 여든다섯 해 한 맺힌 삶
숨 헐떡이며 괴로워하던 고통의 팔 년 세월
이제는 다 끝나

비탈진 솔숲 그늘
낳아서 길러 주신 부모님 무덤 옆
양지바른 곳에 묻혀
세상만사 고난들 다 벗어 버리고
영원한 안식에 드셨습니다
깊은 잠 들었습니다

그렇게 형은 가셨습니다, 혼자 외롭게

고향 친구

어디를 가더라도 하늘빛은 푸르지만
그래도 고향 하늘이 제일 좋더라
어디를 가도 산은 있건만
그래도 고향 산천 뒷동산이 제일 좋더라
수많은 사람을 만나고 또 만나 보아도
내 고향 사람이 제일로 좋더라

가 버린 세월만큼 늙어 버린 친구야
구겨진 얼굴 주름에도 세월이 남아 있고
굳은살 거친 손바닥에는 삶의 무게가 박여 있어도
정 깊은 말 한마디에 고향이 그리워진다

살아온 길은 다르더라도
친구를 그리워하는 마음이야 하나인데

남은 인생 다할 때까지
함께 가자 친구야 고향 친구야

나의 누님

보름달처럼 둥근 얼굴
솜털보다 따뜻한 마음을 가진 누님아

나물죽 한 사발로 끼니를 때우고
허기진 배 움켜잡고 나 업고 다닌 누님아

주름진 엄마 얼굴을 닮아 사는 누님아
한 많은 세월 밧줄보다 더 질긴 삶 속
지친 영혼의 몸부림 대가

병든 몸 일으키며 내 손 잡고
반가움에 눈물 흘리는 누님아

뒤돌아보고 싶지 않은 지난 기억도
남아 있는 생의 마지막도
모두가 허허로운 것

마주 잡은 마른 손은 왜 이리 차가운지
턱밑까지 차오르는 애처로움에

소쩍새 울음소리마저
무너지는 내 가슴에 슬픔으로 파고든다

경포대 바닷가 백사장에는

황혼이 내려앉은 바닷가 모래밭
그대 없이 거니니 외롭고 쓸쓸하다
모두 떠나 버린 백사장에는
추억을 두고 간 사람들 흔적이
밀려오는 파도에 조금씩 지워져 간다

두 손 꼬옥 잡고 걸어가던 중년의 부부가 남긴 발자국도
어린 딸 손 잡고 밀려오고 밀려가는 파도 물결 따라
다가가고 물러서던 웃음 담긴 발자국도
서로 어깨에 의지한 채 수평선을 바라보던
젊은 연인의 다정함도
파도의 물거품처럼 사라져 버렸다

지나온 내 인생의 흔적들도 어차피 하얀 물거품일 뿐
혼자서 남겨 놓은 발자국 위에는
어둠이 조금씩 채워져 간다

내 인생만큼이나 가 버린 하루의 시간은
서쪽 하늘 끝자락에 황혼으로 남아
경포대 호숫가에 마지막 빛을 슬프게 남긴다

가을날의 설렘

점점으로 떠 있는 하얀 구름이
푸른 가을 하늘에 채색되어 가고

가신 님의 목소리인 듯 가을바람 타고
멀리서 들려온다

낙엽처럼 쌓여 있는 추억들 속에서
아름다운 것들만 모아 가슴에 담아 보자

가을바람 따라 흔들리는
코스모스 꽃길을 따라
가을 길을 떠나 볼까

이 가을에 나는 한 점 바람이 되고
한 잎의 낙엽이 되고 그리움이 되어서

가을날 한 모퉁이에 서서
홀로 외로워지고 싶어라

내 삶의 황혼

붉은 노을빛은 서쪽 하늘에 가득하고
황금빛 강물은 노을빛 속으로 흘러든다

줄지어 나는 새 떼들은 제 갈 길을 가는데
한 뼘인 듯 남아 있는 내 인생도
다가오는 어둠에 묻혀 가 버리겠지

살길을 찾아서 몸부림치던
벗을 수 없었던 내 삶의 멍에가
내 어깨에서 내려갈 때

꿈마저 사라져 버린 처진 어깨 위로
어둠이 내려앉고

지친 노년의 발걸음 앞에는
붉은 노을빛이 내리는 어둠에 조금씩 지워진다

석양을 등지고 걸어가는 발걸음 앞에는
내 인생만큼이나 긴 내 그림자가
저만치 앞서서 가고 있다

관음송(觀音松)

그리움에 목마른 작은 영혼이여
검은 눈망울 가득 슬픔을 담고
두고 온 고운 님이 너무도 그리워서
한양 천 리 먼 하늘 목마름으로 바라보며
가슴속 슬픔을 잠재우더니

고운 님 손 잡아 보지 못하고
한 맺힌 짧은 생을 버린 가엾은 그대여
그대는 아직도 검푸른 소나무 우거진 외진 숲속에서
몸부림의 슬픔을 토하고 있구나

소쩍새 슬피 우는 적막한 밤에
찾아오는 낯선 외로움과 슬픔을 어이 견디었는가

청춘의 아름다움 피워 보지 못하고
세 가닥 삼베 줄에 목이 졸린 채
세상을 떠나 버린 그대 작은 영혼이여

육백 년 살아온 관음송에 몸을 의지하고
노을 물든 한양 하늘에 그리움을 전하며

가슴으로 울어 대던 그대를
관음송은 아직도 기억하노라

-단종 유배지 청룡포에서

내 유년의 추억

산 높고 골 깊은 내 고향은 봉화
왕버들 나무 줄지어 늘어선 실개천은 수정처럼 맑아
조약돌을 등에 업고 꼬리 속에 알을 품은 가재들이 너무도 많아서
껍질 벗긴 양 갈래 버드나무 가지 한가득 꿰어 잡았지

배고픈 줄도 모르고 뛰어놀던 산비탈과
밀사리 감자꽃으로 배를 채우고 검댕이 묻은 얼굴 쳐다보며
깔깔 웃어 대던 까까머리 친구들

삶은 감자 옥수수로 저녁 끼니를 때우고
달빛도 없는 어두운 밤에 마을 길 나서면
벼포기 사이에서 울어 대던 개구리와
밤하늘을 반짝이며 수없이 날아다니던 개똥벌레들
하늘에 반짝이던 수많은 별, 별, 별들

먼 데서 들려오는 개 짖는 소리
뒷산 솔가지에서 홀로 울던 소쩍새
두려움을 느끼게 하던 부엉이 울음소리

끓어오르는 젊은 열정을 누르지 못해 목청껏 노래 부르던
형들과 누나들의 쉰 목소리는 밤공기 속으로 퍼져 나갔지

친구 서너 명 막대기 끝에 솜뭉치 매달아 석유 적셔 불 밝힌 후
잠자는 밤 물고기 잡으러 개천가를 맴돌다가 허탕 치면
남의 참외밭, 수박밭, 복숭아밭 서리 아니면 닭서리까지 서슴지 않았
던 그 시절에
가끔 노래자랑이 열리는 때면 정성 들여 불러 본 노래 일등을 하여
플라스틱 바케쓰를 상으로 타서는
자갈길 넘어질 듯 집으로 달려가곤 하였지

가설극장이 오는 날이면 벌어진 천막 사이로 몰래 들어가
가슴 졸이며 영화를 보고 집으로 돌아올 때
여고 졸업한 단발머리 길게 자란 수줍은 열일곱 살 희야의
앵두 같은 입술에 떨리는 가슴으로 입맞춤하던 그 시절이
이제는 빛바랜 흑백 사진처럼 기억으로만 남아 있네

가 버린 세월 함께하던 옛친구는 고향 떠난 지 오래고
그 많던 가재며 개구리, 개똥벌레들은 다 어디로 가 버렸는지
초로의 늙은이로 남은 나는 옛날을 회상하며 지그시 눈을 감는다

감긴 두 눈 사이로 흐르는 눈물
다시 갈 수도 다시 볼 수도 만날 수도 없는
소중한 것에 대한 그리움이 슬픔 속에서 하나둘 이별을 한다

가을에 쓰는 편지

이 가을에 당신은 편지를 써 보세요

길을 가다가 우연히 마주친 작은 꽃 한 송이
마주 보며 미소 짓던 그 아름다움을 지금도 기억하시나요

이 가을에 당신도 편지를 써 보세요

그 작은 꽃 한 송이
차가운 가을바람에 외롭게 떨고 있어요
이렇게 가을은 가는데
부치지 못한 가을 편지가 책상 위에 쌓여 가도

이 가을에 편지를 써 보세요

황학산

남한강 물새들이 지나가는 하늘 길목에
태곳적부터 덩그러니 솟아오른 높지 않은 산봉우리

한 백 년 살다 가기를 바라는
너와 내가 오르던 곳

쌀 한 섬 등에 지고도 오를 수 있었을 산봉우리
지팡이에 몸뚱이 절반을 의지하고도 숨 헐떡이는
애처로이 찾아드는 여린 목숨을 부지하려고
떨리는 걸음으로 황학산을 오른다

잡목 숲 바람길 따라 늦가을이 지나갈 때
나도 따라 내려가야지

눈 내리는 겨울이 오기 전에
두어 번 더 와야 할 텐데……

안개 속에서 황학산이 슬픈 웃음을 웃고 있다

만추(晩秋)

붉은 노을빛 물든 고즈넉한 산길에
낙엽은 차곡차곡 쌓여 가고

가을을 밀어내는 찬 서리에
초라해진 가을꽃이 애처롭다

갈색으로 퇴색해 버린 오색의 아름다움이
이별의 인사마저 잊어버리고
차가운 저녁 바람에 멀리 사라져 간다

지난 여름날의 추억은 아직도 그대로인데……

산아

겸손함을 외면한 채
하늘 높이 솟아오른 푸른 산아

바람길 따라 흐르는
높은 구름도 산허리를 돌아가고

어차피 내려갈 사람들은
산봉우리를 향하여
힘든 발자국마다 가쁜 숨을 담는다

산을 오르듯이 세상을 살아왔고
산과 같은 교만으로 세상을 보았는데
힘들게 올라온 산을 내려가려 하니
내 인생도 다 되었구나

산 중턱에 걸려 있는 구름 같은 인생
뒤돌아보니
가 버린 날들의 시간도
남아 있을 짧은 내 인생의 시간도

모든 것이 한 점 바람이고 뜬구름이었네

친구 죽음 앞에서

잘 가시게나 친구여
한 세상 살아오느라
그 얼마나 힘들었는가

등이 휘어지는 삶의 무게를 견디며
참으로 애 많이 쓰셨네

어차피 인생이란 생로병사가 아니던가
조금 먼저 떠난다고
억울해하며 슬퍼하지 마시게나

살아 있는 나도
늦고생 조금 더 하다가
자네가 가신 길을 따라갈 걸세

친구여
땅속 깊은 곳에서 편히 쉬다가
먼 날에 우리 다시 만나면
그때도 지금처럼 친구가 되어 보세

가끔은 그리워질 친구여
잘 가시게나, 고마웠다네

유머 일번지

우리 옆집 사는 '찰스'가 아들놈을 하나 데려왔는데
이름은 '코로나' 나이는 '19세'

이 아들놈이 얼마나 개망나니인지
동네 사람들 두려워서 빗장 걸고 두문불출

어느 날 긴 장대를 들고 우리 집에 찾아온 찰스 아들놈
처마 밑에 집을 지은 제비를 후려쳐서 다리가 부러졌는데
온 정성을 다하여 치료를 한 덕에 늦게나마 강남으로 날아가고

이듬해 봄 햇살 맑은 날 박씨 하나 물고 온 걸 뒤뜰에 심었더니
큰 박이 하나 열렸다네

깊어 가는 가을날 마누라와 함께 박을 따서 톱으로 썰어
대박을 티뜨렸지 박 속에 강남 아파트가 한 채 들어 있더라고 삼십 억 짜리가~

너무 좋아서 나도 이제 부자가~ 소리를 질렀다네
그 순간 내 엉덩이에 폭탄 터지는 줄 알았다네

코로나 핑계로 24시간 방구석에 디비 자면서
이제는 잠꼬대까지~ 이 인간아 왜 사냐
마누라 앙칼진 목소리에
나는 개꿈마저 사라져 버렸다네

친구야

친구야 너를 생각하면 눈물이 난다
자네를 보면
낯설지 않은 또 한 사람 내가 자네 안에 보인다

흰머리에는 세월이 묻어 있고
등 굽은 어깨 위에는 힘든 삶의 무게를 지고 사는

아주 작은 일에도 화를 참지 못하고
더 작은 슬픔에도 가슴으로 울고 있는 약해진 모습
그래서 우리 서로 마주 보며 웃지 않는가

그 옛날 세상 등지신 아버지를 닮고 사는
힘없는 한 노인네가 저만치서 나를 바라보네

저녁달은 외롭게 혼자 기울고
황혼을 등진 긴 내 그림자 드리워진 저녁 들길에
바람처럼 살다간 이생이라도
마주 보며 웃을 수 있었던
자네가 있어서 행복하였다네

이제 얼마 남아 있지 않은 인생이지만
그때까지 함께하세, 좋은 친구여

연애 시절

연분홍 진달래 꽃잎처럼
곱디고운 순이가 그리운 것은
그때나 지금이나 마찬가지이고

순이와 함께 시골 다방에서
정답게 마주 앉아 마시던 커피는
쓴맛인지 달콤한 맛인지 지금도 알 수 없고

이별이 아쉬워서 어깨를 들썩이며 울던
순이의 그 눈물은 지금 와서 생각하니 거짓이었다

처음으로 맛을 본 초콜릿과
첫 키스의 달콤함은
지금도 잊을 수가 없고

아내와 만나던 날
마주 앉은 탁자에서
식어 가는 커피를 마시며
영원을 약속하던 그 수많은 이야기들은
지금 와서 생각해도 진실이었고 사랑이었다

고향의 물레방아

내 고향 물레방아는
아련히 떠오르는 고향에 그리움이다

달빛 어린 밤에
첫사랑 소녀와 함께
핑크빛 꿈을 꾸던 만남의 장소

보릿고개와 가을 추수가 끝나기까지
배고픈 내 어머니 목마른 기다림이 머물던 곳

고향을 떠나온 나그네에
한 맺힌 그리움으로 눈물짓게 하는 곳

물레방아는
시간을 안고 돌고 도는
한없는 세월이 흘러 흘러가는 곳이다

지금은 사라져 버린
고향에 물레방아를 다시 볼 수 없어도
내 가슴에는 고향의 그리움으로 남아
지금도 돌고 또 돌아간다

추억

바람처럼 가 버린 세월의 저 뒤편에
무지개를 닮은 아름다운 이야기가 숨어 있다

가 버린 시간만큼 지워져 간
아름다운 이야기들은 무엇이란 말인가

부서져 조각나 버린 옛이야기들을
다시 모아 보자
세월의 안개 속에 숨어 버린
수줍은 그 수많은 추억 속 이야기들을

구겨지고 빛바랜 일기장 속에 갇혀서
긴긴 세월을 모질게도 견디어 온
눌러쓴 글씨와
한 방울의 눈물 자국은
슬픈 이별의 그리움으로 남아 있다

뒤돌아 가기에는 너무도 멀리까지 와 버린 세월
그리운 그곳에는
벌거벗은 수줍은 추억들이
시간 뒤편에 숨어서 하얀 웃음을 웃고 있다

허무

가을을 부르는 억새풀 소리
산나리 꽃잎 위에
늦장마가 흘리고 간 물방울이
보석처럼 구른다

젖은 풀잎 길을 걸어온
등 굽은 늙은이는
살아온 세월을 돌아보며
발걸음을 멈추는데
남아 있는 짧은 삶을
어떻게 살아갈까

실개천 흐르는 물은
더 넓은 세상을 보려고
쉼 없이 흘러가는데

찾아갈 곳도 오라는 곳도 없는
천덕꾸러기가 되어
세상 떠날 그날을 향하여
오늘도 말 없는 발걸음에
긴 한숨을 담아 본다

빈 가슴으로

돌담장 틈바구니에서 홀로 우는 귀뚜라미는
가을을 노래하고
옷깃을 스치는 바람 소리에 마음이 외로워진다

저절로 가는 세월은 가을을 향하여 가고 있고
저녁 바람 서늘하게 불어오니
지난여름 삼복더위는 기억조차 나지 않네

세월은 참으로 빠르게도 가 버리는구나
홀홀단신 던져진 타향 서울에서
살기 위해 몸부림친 그 수많은 날들이
많이 슬프고 힘들었는데

세월은 바람처럼 가 버리고 내 젊은 날도 가 버렸네
이제는 늙고 병든 이 몸을 어이하리
나그네의 지친 발걸음으로
저만치 앞서가는 세월을 쫓아 나도 가야지

인생은 어차피 나그네인 것을

소쩍새

밤바람 차갑게 불어오는
소나무 검은 숲속에
애처롭게 울어 대는 한 맺힌 울음소리

말 못 할 무슨 사연을
가슴 깊이 묻어 두고
이리도 긴긴밤을 슬피 우니 소쩍새야

가야금 소리처럼
달빛은 곱게 흘러내리고
조잘대는 별들도 잠이 든 이 밤에
너만 홀로 외로운 눈물로 울고 있느냐

울며 지샌 긴 세월
눈물마저 말라 버리고

밤새 내린 이슬만이
떡갈나무 잎새 위에 눈물인 듯
흘러내린다

여주보에서

산 그림자 드리워진 남한강에
바람은 잦아들고
달이 잠긴 호수에는
찰랑이는 은물결 위를
추억 같은 물안개가 피어오른다

짝을 잃은 물새는 애달피 울고 있고
갈대숲 사이를 스치는 저녁 바람
흔들리는 보랏빛 들국화 꽃송이
강변 둑길 위에 낙엽 구르는 소리
가을은 이렇게 깊어만 간다

하루라는 시간을 강물 속에 던져 버린
강태공의 빈 대바구니 속에는
지울 수 없는 아픈 상처 한가득 담겼구나

강변길을 함께 거닐던
너는 가고 없는데
또 다른 연인들이 이 길을 걷고 있어
내 슬픈 기억 속을 파고든다

가을아

가을비가 내리는 창가에
유리 벽을 타고
눈물 같은 비가 흘러내린다

억새풀 사이로 불어오는 바람길 따라
파란 낙엽은 구르고

별빛 같은 들국화 노란 꽃잎 위로
가을 향기가 진하게 흐른다

잠시 머물다 가 버릴 가을은 왔는데
이 가을이 남기고 갈 아름다운 추억들은
또 어떤 것들일까

삶의 끝자락을 살아가는
노년의 가슴에 담아 두기에는
너무 진한 아름다움과 그리움이 되지 않기를

바람 불어오면 사라지는
안개처럼 가을아 가거라

여주의 밤

비단 폭처럼 흘러내리는 하얀 달빛 아래
귀뚜라미는 밤새워 가을밤을 노래하고

밤바람은 퇴색되어 가는 나뭇잎 사이를 지나
가쁜 숨 몰아쉬며 잠든 유리창을 두드린다

한낮에 불쑥 찾아왔던 낯선 사람이
마음에 병 걸렸던지
인적 끊긴 새벽녘에 개 짖는 소리가
멀리서 들려온다

남한강에서 피어오르는 밤안개가
홀로 선 가로등을 감싸 안을 때
안개 속을 헤치며 새벽 기차가 출발한다

삶에 지친 사람들은 고개를 숙인 채
잠시 잠이 들고
여주도 새벽녘 단잠에서 깨려면
작은 시곗바늘이 두세 바퀴는 더 돌아야 되겠지

살다가 가더라도

꽃잎처럼 어린 내 가슴에
새하얀 무명 속치마
연분홍 순정 담고
찾아온 그대를
내 어찌 가슴에 품지 않으리

세상을 다 준다 하더라도
그대 눈동자 속에
내가 없다면
무슨 소용이 있으리오

사랑도 사랑이었고
미움도 사랑으로 생각하며
세상을 살다가
살아가다가 그대 먼저 가더라도
그리움 담은 가슴으로
살아가리라

아련한 그리움이
저녁 노을빛에 물들어 갈 때
외로운 가슴으로
당신을 부르리다

이사 오던 날

남한강 푸른 물은
세월을 안고 돌아가고
나지막한 산등성이 위로
붉은 노을 속에 해가 저문다

세종 임금이 죽어서라도
오고 싶어 한 이곳에
나도 아내와 함께
아파트 12층에 보금자리, 둥지를 틀었다

창문으로 들어오는 맑은 공기가 낯선 것은
오염된 공기 마시며
서울에서 살아온 세월이 너무 길었나 보다

일 년이란 시간은 너무도 **빠르게** 지나가는데
하루라는 시간은
왜 이렇게 더디게 가는 걸까

거실 창문 밖 하늘에
노을빛이 아름답다

숲속 바람은 도둑처럼 창문을 넘어서 들어오고

나는 하늘을 향하여 두 손을 모은다
하루를 행복하게 해 주심에
여호와여 감사하나이다

4부 고향 하늘은 멀어도

강천섬에서

석양 노을빛 아래
미루나무 그림자는 길게 드리워지고
낡은 벤치 위에
젊은 연인들의 긴 입맞춤이 뜨겁다

억새풀 사이를 빠져나온
늦가을 날 찬 바람은
느티나무 고사목 그늘에서
잠시 쉬어 가려나 보다

쉼 없이 노란 잎을 날리던
은행나무 사잇길을 따라 걸어가는
등 굽은 아내 어깨 위에는
쓸쓸한 세월의 늦가을 바람이 스치듯이 지나간다

가을 닮은 강천섬 그 아름다움을
갑자기 찾아온
낯선 이방인에게
속살의 아름다움도 감추지 않고 보여 준
내 너를 영원히 기억하리라

억새풀

초저녁 달빛은 푸른 잎새 위를 서성이고
세월의 찬 바람은
마른 몸을 스치는데

강변 모래톱 위에
소리 없는 흐느낌으로
손짓하는 새하얀 흔들림

억세게 살아온
몸부림의 상처는 아직 그대로인데

한겨울 그 모진 찬 바람을
또 어이 견디려나

쓰러지면 다시 일어서는
끈질긴 삶 속에서
나도 모르게 나는
억새풀이 되었구나

어머니 무덤가에서

비탈진 산등성이 소나무 그늘진 외진 산골에
여인의 한 서린 세월을 가슴에 안고서
영원의 침묵으로 잠드신 나의 어머니

내 기억 속을 맴도는 어머니 삶의 흔적이
저려 오는 그리움으로 눈물이 되어 흐르고

자식된 도리를 해 보지 못한
아쉬움과 죄스러움이 가슴에 돌이 되었습니다

나는 어쩌다
어머니 자식으로 태어나
가슴속 정 한 번 드리지 못하고
슬픈 가슴으로 무덤가를 서성이는지

무덤가에 피어 있는 보랏빛 쑥부쟁이 꽃이
불효자를 비웃으며 고개를 흔들고 있습니다

침묵의 가슴으로 나는 울고 있습니다
못다 부른 그 이름 나의 어머니

들국화

모래바람처럼 밀려오는 그리움을 어이하리

태양 빛이 휩쓸고 간 가을 들판에
나목처럼 서서
늦가을 찬 바람이 가슴을 짓밟고 지나가도
늘 그 자리에 선 채로
그리움을 삼키고 있구나

먼동이 트는 여명의 불빛 아래
가지 없는 외로움으로 서 있을지라도
그대 오기를 기다리며
서로를 부둥켜안을
사치스런 꿈을 꾸어 본다

향기 사라진 구겨진 꽃잎 위에
첫눈이 하얗게 내릴 때까지

나목

회색빛 겨울 강가에서
불어오는 바람이 너무도 차가워
나신의 몸으로 서럽게도 울었다

가지 끝에서 노래하던
휘파람새의 쉰 목소리는
노을빛 하늘로 날아가 버리고

혼자서 외로운 고독을 즐기는
무상무념의 시간들 속에서

가진 것들을 버리고
나를 버리는 겸손한 삶을 배워 본다

나신의 계절 속에서
세상 모든 것들 훨훨 털어 버리고
그렇게 한세상 살다가 가는 거지

모든 것 벗어 버린 나목처럼

고향 하늘은 멀어도

저 먼 산 능선을 넘어오는
바람결에
내 마음을 실어서 보내 볼까

산맥을 타고 흐르는 구름에
몸을 실어 떠나 볼까

향리를 그리워하는 세월이
너무도 긴 날들이었구나

진달래꽃 언덕길을
뛰어놀던 친구들
그리운 마음이 서러워서

고향 가는 하늘가 길목
남아 있는 여백에
내일의 여염을 그리며

언제인가 다가갈
그곳 하늘에
그리운 시선을 남긴다

청보리밭

오월의 따사로운 햇볕 아래
은빛 수염 반짝이는 청보리밭
오월 훈풍에 물결처럼 흔들리는
청보리밭이랑 위를
수다스런 노고지리는
하늘 높은 곳에 멈추어 날고 있다

진한 보리 향기에 취하여 눈을 감을 때
뒷산 연분홍 진달래 꽃그늘 아래
다정스러운 산꿩 부부는
진한 사랑의 밀애를 즐기고

오월
쌀독에 남아 있는 한 줌의 쌀은 전부인데
배곯은 어머니의 간절한 기다림의 눈빛은
덜 여문 청보리밭 위를 스치고

지친 나그네 발걸음인 듯
청보리는 더디게도 익어 간다
배곯은 어머니 애타는 마음을 모르는 채
더디게 더디게 익어 간다

오일 장터

장작불 뜨거운 가마솥에 하얀 뼈다귀 고깃국물 끓어 넘치는 국밥집
앞치마에 젖은 손 닦으며 뚝배기에 국물 퍼 담느라 바쁜 아지매
두루마기에 갓을 쓴 할배 막걸릿집 문전에 발을 들이지 못하고
서성이는 모습이 주머니 사정이 안 좋으신가 보다

"골라, 골라" 손뼉 장단에 발을 구르는 장돌뱅이 옷 장사 아저씨는
지친 삶이 쉰 목소리에 배어 있다
산 넘어 그 너머에 살고 있는 친구나 사돈을 만나 손 마주 잡고
안부를 물어보며 파전집 막걸리 잔도 정스럽구나

이제는 그 정 깊은 풍경은 가 버린 추억이 되었다
젊은이 보이지 않는 장터에 곱슬머리 파마 말고 서투른 화장한 얼굴로
멋을 부린 늙은 할매와 빛바랜 헐렁한 양복에 꽃 넥타이 맨 할아버지가
멋스럽게 앉은 곳은 커피 전문점
일천오백 원, 쓰디쓴 아메리카노 한 잔을 시켜 놓고 참인지도 모르는
자식들 자랑에 몇 시간째 자리를 지키니 커피집 아지매 얼굴 표정이
짜증스럽다

검은 아스팔트 중앙선 실선 따라 할배, 할매가 운전하는 승용차가 달리고

오일장 맞추어 달구지를 끌고 가던 황소는 주인이 때맞추어 주는 건초와 사료를 먹으며 살을 찌운다

찬 바람 횡하니 불어오는 낯선 장터에는 왠지 모를 허전함이 슬픔처럼 다가온다

거짓말

양심을 저버린
부패한 영혼들의 입에서
꿀처럼 떨어지는
달콤한 말에 귀 기울이지 말아요

한마디 거짓말을
감추기 위하여
열 가지 거짓말을 만들어 내다가

더 이상 감당하지 못할
진실이 다가오면
바위처럼 무거운 짐을 지고서
천 길 낭떠러지로 떨어지는

그 비참한 결과 앞에서
자신이 악마의 종이었음을
깨닫게 될 때
살아오고 살아가게 될
세상으로부터도 버려지게 돼요

우울한 산책길

바람결에 흔들리는
나뭇잎 사이로 하늘을 보니
푸른 하늘빛이 너무 좋아

하얀 무명천 한 조각을
하늘에 던지면
하늘색 물이 배어
떨어질 것 같구나

숲속 바람은
여름날 늦더위를 식혀 주고
뜻을 이루지 못하였나
늦매미 울음소리가 애처롭다

산봉우리만큼 올라온
내 인생의 고행도
여기까지인가

한 발 또 한 발
석양을 등지고 내려가는

발걸음 앞에
내 인생만큼이나 긴
내 그림자가
저만치 앞서서 가고 있구나

슬픈 이별

잘 가거라, 내 새끼~~
눈물에 젖은 어머니 말 등 뒤에 남겨 두고
삽다리 건너갈 때
조약돌 잠긴 물에 눈물을 떨구면서
울고 또 울었네

흙먼지 묻은 버스 유리창 저 너머에
흰머리 바람에 날리며
솔고개를 넘어가는 버스를 향하여
야윈 손 흔들면서 눈물 흔드시던 내 어머니

삼백여 리 한나절 길
맘 먹으면 갈 수 있는 내 고향 봉화에
눈물로 떠나가신 어머니는 아니 계시고
잔설이 덮여 있는 어머니 작은 무덤 위로
찬 바람만 스치듯이 지나가네

아직도 내 가슴에는
어머니와 못다 한 사랑이 남아 있는데
솔고개를 넘어가는 차창 밖에는
솔부엉이 울음소리만이
서러운 내 마음속을 파고드네

그 여인

달 밝은 밤 외진 언덕길
정자나무 달빛 그늘 아래
젖은 눈망울로 바라보던 그 여인

이별의 아픔을 가슴에 담고서
늘 마음 아파했던 한 사람 그 여인

어깨에 야윈 몸 기댄 채
잠들었던
달맞이 꽃잎 닮은 그 여인

김 서린 유리창에
그리움으로 적어 본 이름처럼
보내지 못한 사연은 낙엽처럼 쌓여 있고

바람처럼 밀려오는
아직도 먼 그리움에 홀로 이 밤을 견딘다

사랑하기엔 너무도 짧은 만남의 시간에
속으로 꽃 피우던 그대를
내 가슴속에서 아직도 밀어내지 못한다

문동(文童)

돌담길 돌아 싸리문 열면
반가운 내 친구 문디자슥

하루에도 몇 번씩
싸우지 않으면
밥맛도 없어지던 그 문디자슥

취직이 되어서 서울로 가던 날
뒷모습 모이는
먼 발취에서
옷소매에 눈물 훔치며
울고 또 울었다

야, 이 문디자슥아
목소리 듣고 싶어서
전화 걸었다
밥은 먹었냐

새벽 먼동이 트기도 전에
문디자슥이 전화를 거네

야, 잠 좀 자자. 이 문디자슥아

사랑한다, 친구야! 건강해야 돼
세상 떠날 때까지
아랫도리 걸치지 않아도
부끄러울 것 하나 없던
너와 나는 문둥이니까

우리 집 똥개 2

낙엽 지는 가을밤이 깊어 가는 날
자정을 넘긴 시간 찾아온 밤 손님에게
반갑다고 꼬리 흔드는 우리 집 누렁이

저 개가 사람으로 태어났으면
법이 없어도 살았을 것인데

안타까워하시는 아버지 말 들었는가
밥풀때기 말라붙은 개 밥그릇 옆에
뒷다리 사이에 주둥이 처박고
늘어진 채 잠자고 있다

너 그러다 네 애미처럼
복날에 보신탕집으로 팔려 간다

애타는 내 마음 아는지 모르는지
개 팔자가 상팔자라고
코골이 하면서 잘도 잔다

옹심이

따뜻하고 고소한
들깻가루 국물 속에
알알이 담겨 동동 떠다니는
쫄깃한 애교쟁이
내 사랑 옹심이

춘심이는 기생으로
남의 집 도우미로
몸을 돌보지 않는
천덕꾸러기 삶을 살아서 싫고

영심이는 약삭빠르고
빈틈이 없지만
조금은 이기적이라 부담스러워서 싫고

옹심이는 언제나 부드럽고 따듯하여
눈 내리고 바람 부는 추운 겨울날
함께하면 가슴까지 전해지는

옹심이는 내 사랑
언제나 변함없이 사랑할 거야

묵정밭에서

솔나무 뒤편에서
부끄러운 양심으로
바라보는 눈망울 속에
맨발로 서 계시던 내 아버지 내 어머니

잡초만 무성한
해묵은 밭떼기에
주인인 척 버티고선 버드나무 한 그루

가족의 명줄을 책임지던 곳
젊음을 보내고 버리고 간
이곳에
굳어 버린 양심으로 바라본다

가슴으로 우는
참회의 눈물
부끄러운 얼굴로 등짝을 대본다
친숙한 흙냄새가 부모 정을 느끼게 한다

눈이 내리는 날에

바뀌어 가는 계절 속에서
퇴색된 잎새들은
산을 타고 내려오는
갈 바람에 날려 가고

회색빛 하늘에서 내려오는
새하얀 눈송이는
벌거벗은 나목에 이끼처럼 달라붙어

순백의 파라다이스

나뭇가지 끝에 피어난
계절을 알려 주는
싸늘한 눈꽃 송이

긴긴 겨울밤
찬 바람에 시달린 가지들은
밤새워 서럽게도 울고

빛과 어둠 사이 여명의 아침
눈 내린 산야가
황금빛으로 물들어 간다

눈물로 쓰는 편지

초연의 사랑으로
꽃 피었던 사람
그리움으로 떠오르는
가슴 시린 사람

아무것도 가진 것 없는
나를 사랑한 사람
낡은 소맷자락 붙잡고
가슴으로 울던 사람

계절과 함께 떠나는
그리움으로
추억을 회상한다

달빛 내린 가난한 창가에
겨울나무 그림자를 기대서서

목마른 그리움이 밀려오는
홀로 맞는 이 밤에
이유 없이 슬픔에 젖는다

바위

천만년 흐르는
세월 비켜 간 그 자리에
외로움으로 서서
오백 년 노송을 비웃는다

태양이 몸부림치고
천지가 개벽을 하더라도
침묵하는 덕목의 세월

세월의 그늘 속에
바위로 서서
그 무엇을 사유하는가

미리내

어둠이 짙게 내린 검은 하늘에
금모래 은모래 불을 밝히는 하늘 강
탐미하는 시선이 머문다

아득하게 먼 하늘에
멈추어선 별들과
대화는 할 수 없어도
별을 노래하는
마음은 행복하였네

사공도 없는
하얀 반달 쪽배는
느리게 가더라도
하늘 강 은하수를 건너고

별이 뜨고 지는 상념의 시간에
밤 무지개를 끌어안고
조용히 잠들고 싶구나

청맹과니

눈물로 적시어진 소맷자락
울다가 지쳐 날아가 버린
파랑새 울음소리는
겨울바람에 얼어붙고

마주 선 너는
작은 눈망울 가득
슬픔을 담고 바라보며 웃던 미소도
어쩌면 나를 향한 사랑이었다

사랑한다고 말을 하면
금방이라도 이별이 찾아올까 봐
마른 가슴으로 달빛을 바라보던 너

숨겨진 너의 속마음을 모르고
만날 때마다 인색한 나의 어설픈 행동은
차라리 내 안에 너를 잊어버리는 것이었다

원망스런 눈빛으로 바라보다가
돌아서는 발걸음 뒤에서

너의 마음 깊은 곳에
모란이 피고 있다는 것을
나는 모르고 있었다

사월이 오면

사월이 오면
새싹처럼 돋아나는 그리움들이
하늘 가득 풀 냄새로 다가오고

너를 기다리는 마음이
가슴 가득 채워진다

오가는 하얀 사각봉투
붉은 꽃잎이 피어나고

사월이 오면
너를 향한 그리움으로
불러 보는 연가

그대 그리는 밤에
어쩌면
뜨거운 눈물로 써 내려간 편지에
알알이 맺혀진
사랑의 말들을
먼 산 너머 그대에게
전하고 싶네

기다림

해묵은 그리움이
저녁 노을빛 아래서 슬퍼지고
길고 긴 사무침에 목이 메면
우러러 그리움이 꽃처럼 피어나리라

사랑하는 이 마음의 말들을
방언처럼 듣지 못하고
멀고 먼 생각으로 반항하다
아무것도 아닌 것처럼 회색 지평선을 넘어
돌아서 버립니까

어느 날 바람이 울 때
창백한 감상에 젖어
조각난 노래들을 흥얼거리며
퇴색된 추억 속에 내 생각나거든

수양버들 한가로운 오월 강물 위를
노 저어서 오시옵소서

햇살 맑은 오후 목마른 기다림의 사랑이
꽃망울처럼 터지면
그때사 이 사랑을 아시렵니까

달빛 밝은 밤에

달빛의 탄금을 들으며 순아의 마음처럼
달빛이 고와서 밤길을 걸어 본다

순아의 옷고름처럼 하얀 골목길 위로
달이 느리게 가고 있다

새벽길 소복하게 춘설이 내린 길을
동구 밖까지 걸으면서
나는 눈 위에 발자국을 세어 본다

쓰러져 가는 초가집 아래
밤새워 술 추념하는 검정 고무신의 사람들

서산마루에 걸려 있던 달
구름이 비껴간 그 자리에
올해의 풍년을 약정해 주는
하얀 달이 새벽길을 비춰 주네

까아만 시골 계집아이
순아 얼굴이 하얀 달빛 아래서
수줍게 웃고 있다

고갯마루

숨차게 올라온 고갯마루
헤어져야 할 쌍갈랫길
뒤돌아보는 눈물 고인 눈동자
고향은 잘 가라는 인사말도 한마디 없구나

바라만 보아도 가슴 뭉클한 정든 고향 등지고
손 흔들며 헤어지던 그날 그때 사람들은
그 어디서 하루하루 늙어들 가는 걸까
기다려도 기다려도
달가운 소식은 까마득히 들리지 않네

자지러지게 차가운 북풍에
소복하게 쌓여 가는 눈 위에는
오늘도 고갯길을 넘어가는
발자국은 그려지고

적막을 안은 고갯마루는 어둠을 불러들이고
떠난 사람들이 그리워서
나는 못 살겠네

봄비

외로운 시각으로 바라보는 창가에는
파릇하니 물기 오른 꽃잎들 위로
봄비가 촉촉하게 내려앉는다

한 알 두 알 은구슬
젖어 구르는 빗방울은
가냘프고 부러질 듯
부드러운 꽃잎들 위에 떨어진다

청초하고 눈망울 예쁜
한 소녀의 습기 찬 머리칼이
봄바람에 흔들리고

소녀의 파란 비닐우산 위로
빗방울은 제멋대로 떨어져 날아간다

누군가 흘리고 간 고독의 휘파람인가
오늘도 그리움 같은
수많은 추억과 사연을 남기며
봄비가 내린다

촌노(村老)

고달픔으로 얼룩진 주름투성이 얼굴
멀고 먼 보행의 삶 속에서
슬픔과 피로에 지친 가슴
알알이 박혀 있는
허무한 잔해의 슬픔을 해소시키려나

선술집 구석진 뒷방에서
막걸리 잔 기울이며 밤새워 청춘가를 부른다

한겨울 시린 추위에
뒤 머리카락은 하나씩 세어지고
어디서 오는 눈물인지
눈시울 추근해지는 슬픔에
마음이 힘들어진다

여명의 아침이면 돌아가야지
항시 서 있던 그 자리로
늙은 몸뚱어리 기댈 수 있는
찌그러진 초가집
마누라 먼저 저세상 보낸 그곳에
나 홀로 나자빠져 편안하리라

북풍한설(北風寒雪)

나신의 계절은 봄을 기다리게 하고
북풍한설은 매섭게도 차가운데
이 밤
어둠을 짖는 충성스러운 개 소리가
한겨울 밤바람에 실려 들려온다

소리 없이 내리는 눈송이는
켜켜이 쌓여 가고
동지섣달 긴긴밤에
그리움 속에 외로운 이가
어찌 나뿐이겠는가

정든 부모와 이별한 지가
벌써 이십 년 세월
정든 고향 떠나온 지는
헤아리기조차 어렵구나

내 부모 그리운 마음은 달랠 길 없고
다시 볼 수 없는 서러운 내 마음속은
북풍한설에 홀로 외로운 나목 같아라

낙천적 인생

오두방정으로 삶을 살아본들
남은 것이 무엇이며
후회하고 새롭게 시작한들
새로운 것은 또한 무엇인가

어제 못 한 것 오늘 하면 될 것이고
오늘 못 하면 내일 하면 되는 것을

새털처럼 많은 날들
유유자적하며 살아들 가세

남이 내 인생에 끼어들 일 없을 것이며
나 또한 남의 인생에 참견할 일 없으리니

쌀독에 보리쌀 서 말 있으니
곧 죽어도 내 인생에
후회는 없다네

여보시게 벗님네들
인생사 모든 일이 뜬구름 같으니
채울 수 없는 그 욕심 털어 버리고
웃고들 살다 가시게나

회룡포

나룻배 노 저어서 내성천 건너갈 때
강바람에 흔들리는 갈댓잎을 잘 가라고 손을 흔들었지
소나무 우거진 숲 사이 오솔길 걸어갈 때
초저녁 산부엉이도 나와 함께 슬피 울었다네

고향을 이별하고 떠나올 때
무거운 발걸음은 천근이었고
채우지 못할 욕심으로 떠돌던 타향살이 반평생
지친 가슴으로 돌아오던 발걸음은 만근이구나

내성천을 건네주던 나룻배는
세월 앞에 주저앉고
유년 시절 우정을 다지던 죽마고우는
제 살길 찾아 떠나 버렸네

꿈도 희망도 사라진 지금
깊게 패인 주름마다 고역의 삶을 담고 있구나

지친 가슴 목마른 그리움으로
고향이라 찾아오니
세월 따라 허물어진 고향 집은
저녁 노을빛에 외롭구나

회룡포 하늘에 노을이 물들면

석양의 노을빛은 그리움을 더해 주고
이때쯤이면 생각나는 그리운 얼굴들

보고 싶다 만나고 싶다
택아! 섭아!
그립다 생각난다
자야! 숙아!

이별한 세월은 열 손가락 열 발가락도 모자라고
다 같은 하늘 아래 그 어디쯤인가에서
너희들도 나처럼 늙어들 가겠지

수십 년 타향살이 수많은 사람을 만나고 헤어져도
시냇가 물웅덩이 속옷마저 벗어 던지고
부끄러울 것 하나 없이 뛰어놀던 그때 그 친구들을
내 어찌 바람처럼 잊을 수가 있으리

친구야 내 사랑하는 친구야
노을빛 사라진 어두운 창문
김 서린 유리 벽에 그리움으로 적어 본다
내 기억 속에 지워지지 않을 영원한 이름으로
친구야 사랑한다

죽음

내 살아 있음을 알리는
본능적 움직임이
어느 날 갑자기
멈춰 버리는 것

내 사랑하는 사람의 가슴에
뜨거움으로 남아 있다가
어느 날 갑자기
슬픈 기억 속에서

세월 따라 조금씩 조금씩
지워져 가는 것

커피 석 잔 마신 날

어제 마신 커피 석 잔
효과가 참으로 놀랍구나
지병으로 고통받는 수많은 영혼들에게
이런 명약이 있다면

눈을 떠도 눈을 감아도
매한가지 어둠뿐이고

창문 너머 가로등 불빛 아래
어둠 속 하늘 가득 내리는 흰 눈이 쌓여 간다

밤길을 달리는 자동차도
나처럼 커피를 마셨는가
잠이 오지 않는가 보다

아흔아홉 칸 방이 달린
기와집을 열 채를 지어도
동녘 하늘은 밝아 오지를 않는구나

검은 밤을 하얗게 지새우는
이 밤이 무척이나 힘이 든다